Claude Rault

Die Wüste ist meine Kathedrale

Claude Rault

Die Wüste ist meine Kathedrale

Aus dem Französischen übersetzt von
Hanns-Werner Eichelberger und
Marianne Bonzelet
im Auftrag der
Geistlichen Familie von Charles de Foucauld

eos

© Französische Originalausgabe:
Désert, ma cathédrale
Desclée de Brouwer 2008
2, Passage de la Boule-Blanc, F-75012 Paris

Deutsche Erstausgabe 2011

mail@eos-verlag.de
www.eos-verlag.de

ISBN 978-3-8306-7517-4

Bibliografische Information der Deutschen Bibliothek
Die Deutsche Bibliothek verzeichnet diese Publikation
in der Deutschen Nationalbibliografie;
detaillierte bibliografische Angaben
sind im Internet unter http://dnb.ddb.de abrufbar.

Printed in Germany

Inhaltsverzeichnis

Vorwort

von Marianne Bonzelet
Mitglied der Gemeinschaft Charles de Foucauld

Bei einem europäischen Ferientreffen der Gemeinschaft Charles de Foucauld wurde ich auf das Buch von Claude Rault, dem Bischof der Sahara, aufmerksam gemacht. Schon nach kurzer Lektüre zog es mich in seinen Bann und ließ mich umgehend an eine deutsche Übersetzung denken. Hier waren Aussagen zu lesen, die die Seele nähren.

Neben algerischer Geschichte, die uns in Deutschland weitgehend unbekannt ist, sowie der der Kirche in diesem Land und der persönlichen Geschichte Claude Raults bis hin zum Bischof einer der flächenmäßig größten Diözesen der Welt klingen ganz zentrale Fragen an, die sich durchaus auch auf die Situation der Kirche in Deutschland übertragen lassen.

Da klagt ein Bischof nicht über Finanz-, Struktur- oder Personalfragen, die es auch in der Sahara gibt, sondern vermittelt ganz massiv den Eindruck, dass Kirche etwas mit Jesus von Nazaret zu tun hat und dass sie sich an IHM und Seinem Evangelium statt an den oben genannten Problemen zu orientieren hat!

Claude Rault stellt die zentrale Frage, wie Kirche sich in einem muslimischen Umfeld zu verorten habe: Wie helfen die Muslime den Christen, bessere Christen zu werden? Und wie hilft die Präsenz der Christen den Muslimen, bessere Muslime zu werden? Wir leben in Deutschland nicht gerade in einem muslimischen Umfeld, aber doch in einem zunehmend nicht mehr christlichen Milieu und könnten die Fragen unserer Situation entsprechend aufgreifen.

Zudem enthält das Buch Aussagen zum „Dialog", die im Blick auf den von Erzbischof Zollitsch angeregten Dialogprozess durchaus bedenkenswerte Anregungen liefern. Es wird deutlich, wie sehr der Dialog im ganz alltäglichen Leben beginnen muss und von der Begegnung auf Augenhöhe lebt. Hier, im Alltag, wird das Vertrauen gelernt, in dem dann auch die eher „heißen Eisen" bearbeitet werden können.

Auch dieser Dialog des Lebens, der miteinander geteilte Alltag, muss Maß nehmen an Jesus Christus, der ganz ein Mensch der Begegnung, der Beziehung und des Dialogs war. Charles de Foucauld nannte ihn unser „einzigartiges Modell". Bischof Rault ist sehr geprägt von dieser geradezu prophetischen Gestalt eines Charles de Foucauld, der Anfang des 20. Jahrhunderts in der Sahara unter den Tuareg lebte, Eucharistie und Evangelium zu den beiden tragenden Säulen seiner Spiritualität machte und auf dieser Grundlage seine Leidenschaft für Gott mit der Leidenschaft für die Menschen verband. Geschwisterlichkeit und Dialog sowie die Bereitschaft und die Fähigkeit, miteinander und voneinander zu lernen, sind wesentliche Kennzeichen seines Lebens unter den Tuareg. Dies greift Claude Rault auf und zeigt, wie das auch heute überzeugend gelebt werden kann – nicht nur in dem Land, in dem Charles de Foucauld einst lebte.

Viele Menschen erleben die aktuelle Lage in Westeuropa – gerade auch die pastorale Situation – als eine Art „Wüste". Claude Raults Ausführungen atmen Weite und ermutigen, in dieser unserer „Wüste" standzuhalten, ja, in ihr eine „Kathedrale" zu entdecken, in der die Gott Suchenden ihren Platz finden können.

15. September 2011
Marianne Bonzelet

Geleitwort

von Pater Hans Vöcking, Afr. M.

Seit einigen Monaten werden die Ereignisse in Nordafrika als ein „arabischer Frühling" oder als eine „Arabellion" erlebt. Die einen erleben den politischen und kulturellen Wechsel positiv und blicken voller Hoffnung in die Zukunft. Andere betrachten dagegen die Ereignisse ängstlich, weil sie nicht wissen, welche politischen und religiösen Kräfte in diesen Ländern der Gesellschaft ihren Stempel aufdrücken werden. Festzustellen ist aber, dass die Menschen in diesen Ländern die Werte wie Freiheit, Gerechtigkeit, Würde, Teilhabe, Ehrlichkeit und Verantwortung in Zukunft respektiert sehen möchten.

Die Überlegungen von Bischof Claude Rault sind eine gute Ergänzung zu dem, was sich in Nordafrika heute ereignet. Der arabische Frühling gibt den Christen Anlass zu zeigen, dass sie im Herzen des islamisch geprägten Algerien einen lebendigen und einigenden Glauben leben können. Die kleine Zahl der einheimischen Christen und die Christen aus anderen Teilen der Welt sind in Erziehung, Gesundheit, Wissenschaft und Wirtschaft präsent. Claude ist der Bischof einer Kirche, die die Weltkirche widerspiegelt. Sie wird sichtbar durch Frauen und Männer aus vielen Kulturen, die ihren Glauben an den einen Gott, der sich in Jesus Christus mitteilt, durch ihr Leben und ihre Solidarität mit der algerischen Bevölkerung verkünden. Sie sind seine Zeugen mitten unter Menschen, die ebenfalls bezeugen, dass „es keinen Gott außer Gott" – „lâ illâh illâ'llâh" – gibt.

Christen und Muslime in Algerien führen durch ihr gemeinsames Handeln einen interkulturellen Dialog. Sie bauen gemeinsam ein gesellschaftliches Leben auf, das gemeinsame Werte z.B. für die Familie und für die bürgerliche Gesellschaft verteidigt. Ihr gemeinsames Ziel ist es, sie menschlicher zu gestalten. Dieser interkulturelle Dialog ist davon geprägt, dass die Menschen aus unterschiedlichen Kulturen kommen, die von unterschiedlichen geschichtlichen und gesellschaftlichen Erfahrungen geprägt sind. Aus der verschiedenen Weise des Gebrauchs der Sachen, der Selbstdarstellung, der Religion und der Sittlichkeit, der Gesetzgebung und der Entfaltung von Wissenschaft, Technik und Kunst entsteht eine Verschiedenheit der Lebensformen und Lebensweisen. Durch die Arbeitsmigration oder durch persönliche Entscheidungen kamen sie nach Algerien und leben und erleben diesen interkulturellen Dialog (Gaudium et spes Nr. 53).

Eine Aufgabe unter vielen für Claude, Bischof dieser Ortskirche, ist es, dafür zu sorgen, dass in diesem interkulturellen Dialog die interreligiöse Dimension Eingang findet. Der jeweilige Glaube prägt das Leben, die Arbeit und bereichert die wissenschaftliche Forschung und die Kunst. Im Glauben finden Christen und Muslime die Antworten auf grundsätzliche Fragen, die sie sich, wie alle Menschen, stellen. Kant fasste sie folgendermaßen zusammen: „Was kann ich wissen? Was muss ich tun? Was kann ich erhoffen?" Bei der Suche nach Antworten für diese lebenswichtigen Fragen beschränken sich die Menschen heute zu oft auf die „Vernunft" und die „Freiheit". Doch geschichtliche, politische und soziale Entwicklungen in der Neuzeit haben sichtbar gemacht, dass der Glaube und die Religion wesensnotwendige Bestandteile des Menschseins sind. Der interkulturelle und interreligiöse Dialog sind die zwei Seiten einer Medaille.

„Die Wüste ist meine Kathedrale" umschreibt treffend den Tätigkeitsbereich von Bischof Claude. Die Kathedrale ist der Versammlungsort des Gottesvolkes einer Ortskirche. Die Einheit mit der Gesamtkirche wird in der gefeierten Liturgie unter dem Vorsitz des Bischofs dargestellt. Die Kathedrale ist die Verkörperung der Teilkirche.

Die Kathedrale von Bischof Claude ist die Wüste. Wie Kathedrale ein Bild ist, so ist auch die Wüste eine Metapher. Die Wüste ist das unbewohnbare Land. Sie ist entweder eine Sand- oder eine Steinwüste. Die geologischen Gegebenheiten sowie Trockenheit und Hitze sorgen dafür, dass Leben nicht entstehen kann.

In der christlichen Spiritualität wird die Wüste aber auch als eine symbolische Welt gedeutet, von der aus weltgestaltende Funktionen wie Recht, Gottesurteil, Armensorge und Vermittlung zwischen Gott und Mensch ausgehen können. In der christlichen Mystik ist die Wüste der Ort unmittelbarer innerer Gottesschau. Für Charles de Foucauld z.B. wurde die Sahara nicht nur ein realer geographischer Ort seines Lebens, sondern die Wüste wurde für ihn auch Symbol des geistlichen Lebens und Leitbild für die gelebte Gottesbeziehung in der Welt.

Die Wüste ist für Bischof Claude Rault eine Stätte der Orientierung und des Neubeginns geworden.

Introitus: Eingangslied

von Erzbischof Michael L. Fitzgerald, M. Afr.

Nachdem mir schon die Ehre zuteil geworden war, Bischof Claude Rault – ich nenne ihn hier einfach Claude – das Sakrament der Bischofsweihe zu spenden, ist es für mich nun auch eine große Freude, seinem Buch einen *Introitus*, ein Eingangslied des Lobes und Dankes vorauszuschicken.

Weshalb wohl, frage ich mich, hatte Claude damals ausgerechnet mich gebeten, bei seiner Bischofsweihe am 16. Dezember 2004 in der Basilika Notre-Dame d'Afrique in Algier als Hauptzelebrant die Weihehandlung vorzunehmen? War es sein Wunsch nach einem Repräsentanten des Vatikans, denn damals war ich Vorsitzender des Päpstlichen Rates für den Interreligiösen Dialog? Das glaube ich weniger; den Auftrag des Heiligen Vaters hatte er ohnehin, und auch der apostolische Nuntius hatte seine Anwesenheit zugesagt. Vielleicht, weil ich den Weißen Vätern angehöre wie er? Das sicherlich auch, aber es gab ja auch noch andere Bischöfe unter den Weißen Vätern, an die er sich hätte wenden können. Wahrscheinlich lag es daran, dass wir uns schon in den 70er-Jahren in Rom über den Weg gelaufen waren. Damals war ich als junger Professor an der Einrichtung tätig, die später einmal zum Päpstlichen Institut für arabische und islamische Studien (PISAI) werden sollte, und Claude war dort Student. Ich hatte eine Vorlesung zu halten über islamische Mystik oder, sagen wir besser, islamische Spiritualität, denn es ging darum, jeden erdenklichen Ansatz zu berücksichtigen, um besser zu verstehen, was den frommen Muslim ausmacht. Ich weiß noch, wie Claude mir damals im Hörsaal sagte: „Michael, mit deinem Vorlesungsplan habe ich ein paar Probleme." „Das wundert mich nicht", hatte ich geantwortet, „ich halte mich auch selbst nicht daran." Das war wohl schon eine erste Erfahrung mit der Kunst des Improvisierens, das später in Algerien Claudes Leben so stark prägen sollte.

Improvisation, Anpassung, Blick für die Zeichen der Zeit – Ausdrücke wie diese kommen in Claudes Berichten immer wieder vor. Sie verweisen auf etwas viel Tieferliegendes, auf eine inkarnierte Spiritualität. Claude wollte als Priester – und nun auch als Bischof, im Grunde aber einfach nur als Christ – immer dem Vorbild seines Meisters Jesus folgen, der nie nach Herrschaft strebte und nicht gekommen war, um sich bedienen zu lassen, sondern um zu dienen. Da ist es schon sehr aufschlussreich hinzuschauen, wie Jesus sein Leben in der Öffentlichkeit begann. Zuerst einmal ging er zu Johannes dem Täufer, der eine Taufe zur Umkehr predigte. In Scharen hörten die Menschen auf die Predigt des Täufers. In diesen Strom einer sündigen Menschheit tauchte Jesus mit hinein, ganz, wie er auch in das Wasser des Jordan eintauchte. Selbst ein Mensch ohne Sünde, brachte er damit seine Solidarität mit den Sündern zum Ausdruck, für die er sein Leben hingeben sollte. Und genau in diesem Augenblick wurde er als Sohn des Vaters offenbart; und diese seine fundamentale Identität wurde später nie mehr in Frage gestellt, auch dann nicht, wenn Jesus einfach als Mensch unter Menschen erschien. Man kannte ihn ja immer nur als Sohn des Zimmermanns. Genauso verhält es sich im wirklichen Leben mit der Inkarnation. Wenn Claude mit anderen Christen in Algerien mitten unter Muslimen lebt, dann bringt ihn das nicht aus der Fassung. Für ihn lautet das Schlüsselwort hier Solidarität, und die gewinnt konkrete Gestalt als Gastfreundschaft, Begleitung und Weggemeinschaft.

Kehren wir kurz noch einmal zu unserer Betrachtung von Jesus am Jordan zurück. Gleich nach seiner Taufe trieb der Geist ihn in die

Wüste, wo er dann versucht wurde. Die Wüste nimmt auch in Claudes Leben einen herausragenden Platz ein. Er streift ständig durch die Sahara und besucht dort all die kleinen, so unendlich weit zerstreuten christlichen Gemeinden. Er wird zum Nomaden unter Nomaden. Der immense Raum wird ihm zur Kathedrale, sein mit Weggefährten geteiltes Brot wird ihm zum Sakrament, das neue Kraft und neuen Mut verleiht. Claude bleibt freilich sehr diskret, was die Versuchungen betrifft, die ihm in dieser kargen Umwelt wohl auch begegnet sind. Und es gibt diese Versuchungen! Da sind zum einen die kritischen Einwände derer, die sagen: „Was verlierst du deine Zeit mit so wenigen? Anderswo könnte dein Dienst viel nützlicher und effektvoller sein." Oder man hält ihm vor, dass er in diesem oft so unsicheren Algerien ausharrt: „Bring dich doch in Sicherheit, willst du dein Leben unnütz aufs Spiel setzen?" Manche Mitstreiter bevorzugen eine Art von Verkündigung des Evangeliums, mit der Claude sich nicht abfinden kann, weil es ihm darin an Respekt vor der Religion der ihn umgebenden Mehrheit mangelt; einmal sieht er sich sogar genötigt, sich von ihnen zu trennen. Was gibt ihm in solchen Prüfungen Halt? Es ist Gottes Treue, seine Güte und Barmherzigkeit, aber auch umgekehrt Claudes eigenes Verlangen, treu zu bleiben: Gegenüber seinem Gott, seiner besonderen Berufung, wie er sie entdeckt hat, dem Volk, das ihn aufgenommen hat, und schließlich gegenüber Jesus, der auf Menschen zuging und ihnen begegnen wollte.

So wird seine Mission zur schlichten Präsenz. Ich finde, dazu passt gut ein Zitat aus einem Dokument des Sekretariats für die Nichtchristen (des späteren Päpstlichen Rates für den Interreligiösen Dialog) aus dem Jahr 1984[1]:

---

1 Päpstlicher Rat für den Interreligiösen Dialog, *Die Kirche und andere Religionen – Dialog und Mission*, Nr. 13, 10. Juni 1984, übertragen vom Übersetzer.

„Im Denken der Kirche erscheint die Mission als eine einheitliche, aber komplexe und gegliederte Wirklichkeit, deren Hauptelemente hier benannt seien.

Vor allen Dingen verwirklicht die Mission sich durch die schlichte Präsenz und das wirksame Zeugnis des christlichen Lebens, auch wenn man einräumen muss, dass ‚wir diesen Schatz in zerbrechlichen Gefäßen tragen' (2 Kor 4,7) und dass es eine unaufhebbare Kluft gibt zwischen der realen Lebensweise des Christen und seinen Ansprüchen.

Als weitere Elemente der Mission nennt das Dokument:

- *das wirksame Engagement im Dienst an den Menschen sowie das Handeln im Blick auf soziale Verbesserungen im Kampf gegen die Armut und die Strukturen, die Armut hervorbringen.*
- *das liturgische Leben in Gebet und Betrachtung als beredte Zeichen einer lebendigen und befreienden Gemeinschaft mit dem lebendigen und wahren Gott, der uns in sein Reich und in seine Herrlichkeit beruft (vgl. Apg 2,42).*
- *den Dialog, durch den die Christen den Gläubigen anderer religiöser Traditionen begegnen, um sich mit ihnen gemeinsam auf die Wahrheitssuche zu begeben und mit ihnen in Aufgaben von gemeinsamen Interessen zusammenzuarbeiten.*
- *Predigt und Katechese, in denen die Frohe Botschaft verkündet und ihre Auswirkungen auf das Leben und die Kulturen vertieft werden."*

Die Haltung der katholischen Kirche
gegenüber Gläubigen anderer Religionen, 13

Ich bin mir sicher, dass Claude diesen Text oftmals gelesen und meditiert hat, und er würde ihn sicher auch aus vollem Herzen so unterschreiben. „Schlichte Präsenz" bedeutet ja keineswegs Passivität. Sie meint vielmehr eine aktive Haltung im Wunsch nach Beziehungen und Freundschaft. Aber Freundschaft, die Einheit schafft, weil sie Verschiedenheit respektiert, kann man bekanntlich nicht kaufen. Sie muss sich von selbst entfalten und wächst unmerklich heran wie ein aufkeimendes Saatkorn. Zum Entstehen von Freundschaft braucht es Geduld. Freundschaft ist auch hilfsbereit, sie sucht das Wohl des anderen in uneigennütziger Zuwendung. Der Missionar der Präsenz und der Freundschaft ist, um es mit einem in diesem Buch zitierten Wort von Bischof Pierre Claverie zu sagen, ein „Missionar der Liebe".

Claudes Berufung wird konkret innerhalb seiner Gemeinschaft der Weißen Väter und vor allem dann in Nordafrika, in Algerien. In ihrem Kern aber zeichnet sich noch eine weitere Berufung ab: Er fühlt sich auch berufen, seine Solidarität mit den algerischen Muslimen nicht allein auf einer physischen Ebene durch seine Teilnahme an deren Alltag zu leben, sondern auch auf der spirituellen Ebene. Er berichtet im vorliegenden Buch davon, wie er zusammen mit Christian de Chergé, einem der Trappisten von Tibhérine, die spirituelle Gemeinschaft des *Ribât al-salâm, des* „Friedensbandes", gegründet hat. Ein betrachtendes Lesen der Heiligen Schrift etwa in Form der *lectio divina* ist heute weithin geläufig und inzwischen geradezu modern. Die Teilnehmer am *Ribât al-salâm* praktizieren jedoch seit langem schon eine *Lectio* ganz eigener Art, bei der sie für Lektüre, Studium und Gebet die Texte und Themen nicht nur aus der Bibel aussuchen, sondern auch aus dem Koran oder aus anderen Texten der muslimischen Tradition. Die Teilnehmer meditieren die Texte zunächst für sich, und zweimal jährlich trifft sich die Gruppe dann zum Austausch über eigene Entdeckungen und Einsichten und auch zum gemeinsamen Gebet. Dabei handelt es sich weder um Vermischung noch um Synkretismus, sondern um gegenseitige Bereicherung. Durch die Berührung mit der jeweils anderen Tradition wird auch das Verständnis der eigenen Tradition vertieft. Und wenn auch Muslime teilnehmen, wird der Austausch umso fruchtbarer. Manches aus dieser Praxis der Lektüre aus zweierlei Perspektiven wird in der eucharistischen Meditation am Ende des Buchs sichtbar.

Claude lebt seine Berufung in allen Dimensionen voller Begeisterung, aber keineswegs allein. Denn da sind ja vor allem die vielen Algerier, mit denen er ständig verkehrt, die er unterrichtet und mit denen er zusammenarbeitet – es ist ein ständiges Geben und Nehmen. Da sind ferner seine Mitbrüder, die anderen Priester, Ordensleute, engagierte Laien und Mitarbeiter der Kirche von Algerien. Als Bischof vor allem steht er außerdem in einer langen Tradition der Kirche auf algerischem Boden. Daran wurde er auch in der Predigt zu seiner Bischofsweihe erinnert:

„Getragen vom Herrn und vom Heiligen Geist, der nun auf dich herabgerufen wird, sollst du auch die Stütze durch deine Mitbrüder im Episkopat erfahren."

Du bist nicht allein; du trittst ein in das Kollegium der Bischöfe mit dem Bischof von Rom, Papst Johannes Paul II., als Oberhaupt. Wenn du nun deinen Teil an Verantwortung in einer über die ganze Welt verbreiteten Kirche übernimmst, darfst du umgekehrt auch auf die Hilfe der anderen Kirchen und Bischöfe zählen. Von jetzt an bist du Mitglied der regionalen Bischofskonferenz für Nordafrika. Auch da hast du viel zu geben, aber durch die Gedanken deiner Brüder auch sicherlich viel zu empfangen. Du wirst die Kraft der Gemeinschaft erfahren.

Was bleibt sonst noch zu sagen über die Tradition, in die du eintrittst? Da hast du das Beispiel deiner Vorgänger vor Augen, von Georges Mercier, Jean-Marie Raimbaud und Michel Gagnon, um nur die letzten drei beim Namen zu nennen, die wir beide persönlich gut gekannt haben. Die Tradition der Diözese Sahara reicht aber viel weiter zurück bis zu unserem Gründer der Weißen Väter, Kardinal Lavigerie, der einst selbst der apostolische Beauftragte für die Sahara war. Noch ein Kardinal kann dir als Vorbild dienen, nämlich der hier in Algerien so viel geliebte Kardinal Duval. Und schließlich ist da Bischof Pierre Claverie als einer, der es wie Christus hielt: „Da er die Seinen liebte, liebte er sie bis ans Ende."

Leben ist ein Geschenk, das sich immer weiter verschenkt, und die Berichte und Gedanken dieses Buchs werden auch uns Leben schenken. Wir dürfen Gott loben und ihm danken für dieses Geschenk, für ein Buch, das auch uns auf unseren eigenen Reisen durch die Wüsten des modernen Lebens zum guten Begleiter werden kann. Es wird jedem von uns Mut machen, auf dem eigenen Weg voranzugehen – als „Gottsucher".

+ Michael L. Fitzgerald, M. Afr.
Am Herz-Jesu-Fest, 30. Mai 2008

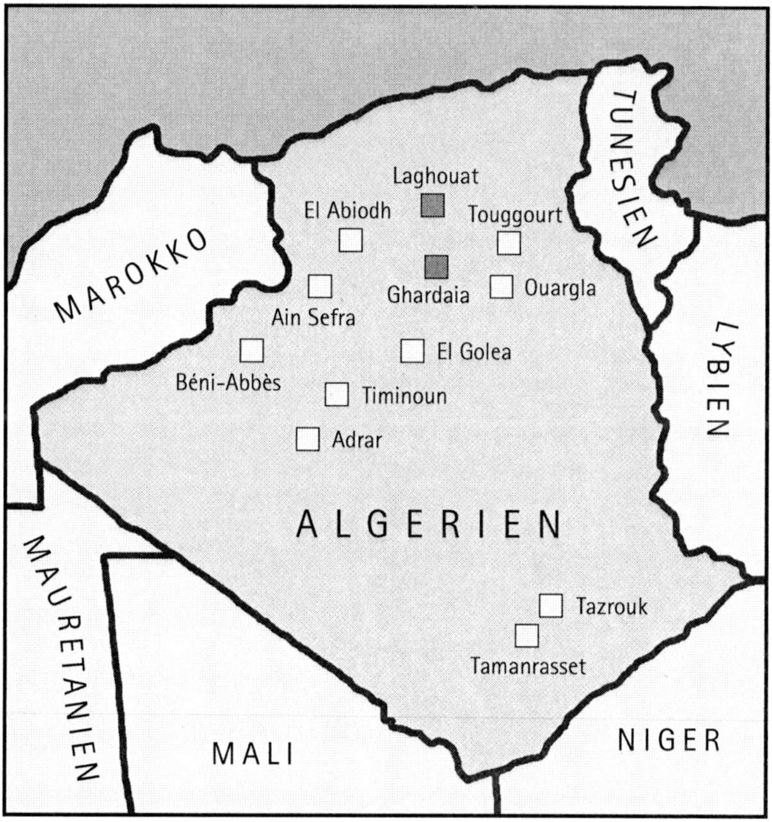

Übersichtskarte von Algerien.
Der Bischofssitz des Bistums Laghouat ist in Ghardaia.

I

Wechselfälle und Gnadengeschenke der Geschichte

Im vorliegenden Buch möchte ich mit meinen Überlegungen und Berichten unsere Kirche von Algerien ins Blickfeld rücken mit all dem, was sie im Lauf der Geschichte dieses Landes durchlebt hat und bis heute durchlebt, und gleichzeitig möchte ich dabei meinen eigenen Werdegang nachzeichnen. Ich werde demnach mehrere Geschichtsfäden ineinander verflechten, denn mir scheint es schlechterdings unmöglich, von meinem Lebensweg und dessen unverhofften Wendungen, von meinen Freuden, Leiden und Herausforderungen zu reden, ohne zugleich im Kontext der Kirche von Algerien von gestern und heute meine so innigen Beziehungen zu diesem Land mit darzustellen.

Als ich im Jahr 1970 algerischen Boden betrat, musste ich gewissermaßen auf einen fahrenden Zug aufspringen und wurde so in die Bewegung eines Landes mit hineingerissen, das unlängst erst seine Unabhängigkeit erlangt hatte. Ich hatte vorher nie unterrichtet, und als Qualifikation brachte ich nur die eines jungen „Weißen Vaters" mit, der gerade sein Theologiestudium beendet hat; nun war ich auf einmal stellvertretender Direktor eines „Centre de formation professionelle", einer Art Berufsschule! Abenteuer fangen oft gerade damit an, dass Kompetenz erst einmal aus Not geboren werden muss! Im Grunde ging es mir nicht anders als den meisten Algerierinnen und Algeriern, die im Lauf des Unabhängigkeitsprozesses ihre Ausbildung noch nachholen mussten. Algerien ist das Land der Improvisation und ständigen Anpassung, und so gibt es eigentlich keinen Grund, weshalb wir Christen von diesem allgemeinen Gesetz ausgenommen sein sollten. Improvisation ist eines der besonderen Kennzeichen unserer Kirche, doch darin liegt auch ihre Chance – und warum nicht Gnade? –, die mit dazu geführt hat, dass sie sich durch alle Stürme, Brüche und Kehrtwendungen hindurch inmitten dieser Welt zu behaupten vermochte! Was diese Kirche heute ausmacht, hat sie so nicht selbst angestrebt. Hätte sie die Wahl gehabt, sähe sie heute sicherlich sehr viel anders aus. Aber entspräche sie dann eher dem Evangelium? Im Lauf der Etappen und Ereignisse einer Geschichte, die sie zumeist nicht selbst steuern konnte, musste sie versuchen, sich jeweils schlecht und recht anzupassen, aber viel mehr noch sich selbst gewissermaßen ganz neu zu empfangen, immer aufmerksam für die Zeichen der Zeit, mehr im „Sichtflug" als mit klugen Strategien. Mancher wird an dieser Stelle übrigens schon den Vorwurf erahnen, den ich mir öfters auch aus der eigenen apostolischen Familie anhören musste: „Ihr in Algerien habt gar keine missionarische Strategie!" Nein, die haben wir in der Tat nicht, außer dass wir eben, so getreu es geht, auf das Heute Gottes antworten und Ausschau halten, welcher Schritt als nächster zu tun ist. Der uns eigene Weg bewahrt uns vor Erstarrung im Endgültigen und fordert uns Tag für Tag dazu auf, unser tägliches Brot neu zu empfangen, das denen verheißen ist, die auf die Ankunft des Gottesreiches hinarbeiten.

Meines Erachtens kann man unmöglich vom Leben und der Berufung unserer Kirche sprechen, ohne das Auf und Ab der Geschichte Algeriens im Blick zu behalten. Ich möchte den Lesern die Entwicklung dieser Kirche nun einfach in ihrer engen Verflechtung mit der neueren Geschichte dieses Landes vor Augen führen, wobei man sich stets daran erinnern muss, dass sie diese Geschichte nicht selbst in der Hand hat. Zwar trägt auch sie ihren Anteil dazu bei, doch selbst dieser entzieht sich meist ihrem Zugriff, und so ist es äußerst schwierig, die Konturen nachzuziehen oder gar abschließend schon Bilanz zu ziehen. Ich möchte da gern auf eine Äußerung von Bischof Scotto von Constantine zurückgreifen, einem Sohn dieses Landes: „Man fragt mich, was ich hier eigentlich tue... Ja, das weiß ich selbst auch nicht, ich weiß nur eines: Wenn ich nicht hier wäre, dann wäre es hier nicht mehr so, wie es jetzt ist!" In einer solchen Situation ist es wenig sinnvoll, nur auf Statistiken zu schauen oder gar über sie zu jammern. Wann immer die Kirche sich bisher mit politischen Mächten eingelassen hat oder gar selbst an deren Stelle getreten ist, ist sie vom Weg des Evangeliums abgewichen. Die Berufung einer Kirche besteht darin, sich innerhalb der Geschichte zu inkarnieren und tief in das große menschliche Abenteuer hineinzutauchen, um dessen Sinn zu entdecken oder ihm ohne Anmaßung erst einen Sinn zu geben. Ein Priester, der noch nicht lange in meiner Diözese lebt und an dessen Weisheit ich keineswegs zweifeln möchte, sagte mir einmal mit einem warnenden Unterton: „Vorsicht! Liegt die Versuchung für die Kirche von Algerien nicht vielleicht darin, dass sie sich am Ende noch auf ihr Kleinsein und ihre Einmaligkeit etwas einbildet?"

Wir versuchen, schlicht dem zu folgen, der uns immer vorausgeht. Auch Jesus hat die Geschichte nicht selbst gesteuert, er hat sich in sie hinein inkarniert und hat ihr den Sinn gegeben, den wir unsererseits ebenso zu entziffern haben, wie er es in den Tagen seines Erdenlebens getan hat: Darauf werden wir noch zurückkommen. Ich will nun im Weiteren versuchen zu erläutern, wie wir uns als Christen in diese Geschichte eingefügt haben. Gleichzeitig möchte ich aus einem gewissen Abstand nun auch rückblickend beschreiben, wie ich in diesem Rahmen meine eigene Berufung als Mensch, als Priester und heute als Bischof umzusetzen vermochte. Der Blick bleibt deshalb natürlich teilweise an meinen persönlichen Lebensweg gebunden, aber ich hoffe, der kann wie ein kleiner Stern auch die Wege anderer Frauen und Männer mit beleuchten, die sich in der Nachfolge Jesu auf das weite Meer des Lebens hinauswagen.

Von der Unabhängigkeit zur Verstaatlichung: Die Zeit der Entwicklung

Am 5. Juli 1962 begann für Algerien nach achtjährigem Kampf um die Unabhängigkeit eine ganz neue Ära der Geschichte. Der Befreiungskrieg hatte dem Land einen schweren Blutzoll abverlangt. In offiziellen Zahlen ist von mehreren hunderttausend Toten die Rede, und es gibt kaum eine algerische Familie, die nicht den tragischen und schrecklichen Verlust eines ihrer Mitglieder zu beklagen hatte! Auf der anderen Seite gab es aber auch jene Algerier, die man im trügerischen Glauben an ein „französisches Algerien" belassen hatte und die nun ihr Land verlassen mussten, so etwa die „Pieds-Noirs"[2] sowie die jungen Männer, die damals als Soldaten auf französischer Seite gekämpft hatten. Auch sie hatten Wunden davongetragen, die bis heute nicht verheilt sind. Man braucht nur einmal zu hören, wie ehemalige französische Soldaten ganz privat von damals erzählen. Man hatte sie aus einer friedlichen Jugend herausgerissen, und sie mussten für eine Sache kämpfen, an deren Legitimität sie Zweifel hatten! Wie viele Wunden sind da noch unverheilt und bleiben unter dem Mantel des Stillschweigens, wo ein befreiendes und offenes Wort den Weg zu echter Versöhnung bahnen könnte!

Vor der Unabhängigkeit zählte die Bevölkerung Algeriens insgesamt etwa zehn Millionen Einwohner, inzwischen liegt die Zahl bei rund

2 Mit Pieds-Noirs („Schwarzfüße") bezeichnet man Bewohner Algeriens mit Herkunft aus Frankreich oder anderen Mittelmeerländern einschließlich auch einheimischer Juden mit französischer Staatsangehörigkeit. Anm. d. Ü.

zweiunddreißig Millionen. Von den zehn Millionen waren fast eine Million „Pieds-Noirs" vorwiegend französischer, aber auch spanischer, italienischer und maltesischer Herkunft. Im Anschluss an die tragischen Ereignisse musste diese Bevölkerung nun größtenteils binnen kurzer Frist Algerien in Richtung Frankreich oder sonst ein Land verlassen – für viele Menschen aus meist ganz einfachen Verhältnissen ein schreckliches Drama. Sie hatten als Nachbarn immer auf Tuchfühlung mit der algerischen Bevölkerung gelebt, doch nun ließ ihnen die Spirale der Gewalt keinen anderen Ausweg als das Exil. In nur wenigen Monaten verloren die größeren Städte und ganze Landstriche ihre „Pied-Noir"-Bevölkerung. Daraufhin war zu beobachten, wie Menschen von den Stadträndern scharenweise in die Innenstädte übersiedelten und die leer stehenden Wohnungen und verlassenen Viertel übernahmen.

Die große Abwanderung machte sich natürlich auch in den Pfarreien und den von den Ordensgesellschaften und Diözesen getragenen Einrichtungen bemerkbar; dennoch gelang es der Kirche wenigstens einigermaßen, die große Wende zu verkraften. Bereits am 7. Oktober 1956 erhob Kardinal Duval, lange vor General de Gaulle –, der dann im September 1959 eine ähnliche Position einnehmen sollte –, die Forderung, Algerien solle durch eine Volksabstimmung über sein Schicksal selbst entscheiden. Diese Stellungnahme trug ihm damals sehr viel Ärger und kaum verhüllte Feindseligkeit von Seiten vieler seiner Christen und selbst aus dem Klerus ein. Kardinal Duval war ein leidenschaftlicher Kämpfer für die Gerechtigkeit. Mitten in den Stürmen konnte er eine sehr entschiedene und bestimmte Sprache sprechen wider jegliche Gewalt, von welcher Seite auch immer. Für seine Äußerungen gab man ihm den Beinamen „Mohammed", aber er selbst scheute sich nicht, in einem Kommentar einmal diesen Beinamen als „Ehrentitel" für sich zu werten. Auf der Römischen Bischofssynode von 1971 übernahm er dann eine führende Rolle, und er war es auch, der darauf drängte, dass man in die abschließende

Synodenerklärung den Satz aufnahm: „Der Kampf für die Gerechtigkeit ist integraler Bestandteil der Evangelisierung." Aus eigener Erfahrung wusste er zur Genüge, was eine solche Aussage beinhalten konnte.

Woraus bestand diese Kirche am Tag nach der Unabhängigkeit? Aus ein paar Dutzend Priestern und Ordensleuten, aber noch immer auch aus mehreren tausend Europäern, meist „Pieds-Noirs", die überwiegend verstreut in den Großstädten lebten. Wie zuvor gab es die vier Diözesen Algier, Oran, Constantine und Laghouat für die Region Sahara. Ein Großteil der Priester und Ordensleute war aber mit der europäischen Bevölkerung bereits abgewandert. Die Priester, die sich zum Bleiben entschlossen hatten, fanden sich in nahezu leeren Kirchen wieder. Plötzlich waren die Kirchengebäude überdimensioniert, gemessen an der kleinen Schar der verbliebenen Christen. Wie sollte eine so kleine Minderheit im Neuaufbau von Algerien die Aufgabe einer aktiven Präsenz übernehmen? Und mit welchen Mitteln? Die meisten Schulen und Berufsbildungszentren der Diözesen waren auch vorher schon offen für algerische Kinder und Jugendliche, und bald waren die durch die Abwanderung von „Pieds-Noirs"-Schülern entstandenen Lücken wieder aufgefüllt. Mehrere tausend junge Menschen wurden neu in die Diözesanschulen aufgenommen. Kirchliche Räume wurden vielfach in Zentren für Alphabetisierung, Schulen, Büchereien, Berufsbildungszentren, kleine Nähstuben und Anlaufstellen für die Förderung und Bildung von Frauen umfunktioniert. Die Ausbildungsarbeit in den kleinen Zentren wurde oft von ehemaligen Schülerinnen und Schülern übernommen. Man bemühte sich, in den Entwicklungsprojekten eines Landes mitzuarbeiten, das im Erziehungsbereich alles erst neu aufbauen musste. Eigentlich hätte man mit einer Verstaatlichung all dieser Räumlichkeiten rechnen können, aber abgesehen von den Räumen, die zuvor schon an die Kommunen übergegangen und nunmehr in Händen der neuen algerischen Behörden waren, durfte die Kirche ihr Eigentum behalten, und sie bemühte sich, die Räume für die Bevölkerung, besonders für Jugendliche und Frauen zur Verfügung zu stellen. Was wir zum Bereich der Erziehung sagten, galt ähnlich für die Krankenhäuser und Gesundheitszentren. Auch sie behielten ihre Funktion für die Bevölkerung. Es kam sogar zu Neugründungen etwa von Pflegezentren, von Stellen für den Mutter- und Kindesschutz (PMI) und von kleinen Geburtenkliniken. Die Kirche Algeriens stellte sich also zur Teilnahme an der Entwicklung des Landes zur Verfügung. Der Staat wusste diese Hilfe auch wohl zu schätzen, denn die Nachfrage im Ausbildungs- und Gesundheitsbereich war enorm, und der Staat selbst weit davon entfernt, alles allein abdecken zu können. Neben dieser Mobilisierung kirchlicher Kräfte gab es noch die Präsenz „vor Ort" einiger Priester und Ordensleute, die seit langer Zeit in staatlichen Einrichtungen tätig waren, sei es in der Industrie, in Schulen, im Gesundheitsbereich oder in der beruflichen Ausbildung. Gemeinsam mit den wenigen im Land verbliebenen christlichen Laien waren und sind sie bis heute Zeichen einer höchst engagierten christlichen Präsenz an der Seite des algerischen Volkes.

Die „Mission" der Kirche bestand also vor allem darin, dass sie sich intensiv in den Entwicklungsprozess mit einbrachte und im Maß ihrer vorhandenen Mittel die eigene Kompetenz mit beisteuerte. Ihr Dienst stieß auf Anerkennung, selbst wenn er im Vergleich zu den staatlich eingesetzten Mitteln von eher geringer Bedeutung blieb. Die Mitarbeit an der Seite der Algerierinnen und Algerier war von starkem symbolischem Wert und bot der Kirche die Möglichkeit, ihrer Solidarität mit dem Land und besonders mit den Ärmsten konkrete Gestalt zu verleihen. Wenn ich mich recht erinnere, lag die Gesamtzahl der damals in Diözesanschulen unterrichteten algerischen Kinder bei etwa dreißigtausend, eine Zahl, die freilich in keinem Verhältnis zum Gesamtbedarf des Landes stand. Ein solches Engagement in der Entwicklung des Landes gab es, was die kirchlichen Einrichtungen betrifft, bis zum Jahr 1976.

An der Stelle sollten wir uns an einige wichtige Ereignisse erinnern, die das Land in diesen Jahren nach dem Erlangen der Unabhängigkeit stark bewegten: Da gab es zunächst einmal im Juni 1965 die Machtübernahme durch Oberst Boumediene und die Einsetzung einer neuen Regierung mit ihrer am sowjetischen Vorbild der eher „harten Linie" orientierten Option für den Sozialismus. Am 24. Februar 1971 verstaatlichte die algerische Regierung sämtliche Erdölvorkommen. Im Jahr darauf erfolgten schrittweise die Verstaatlichung der meisten Agrarflächen und die Umsetzung der „Agrarrevolution". Die Verstaatlichungen gingen ständig weiter, sodass schließlich auch die Krankenhäuser und Gesundheitszentren, Pflegeeinrichtungen und Kindergärten in Trägerschaft der Diözesen nicht verschont blieben, wobei die in den Einrichtungen tätigen Ordensfrauen oft innerhalb der staatlichen Strukturen noch weiterbeschäftigt wurden. 1976 waren dann auch die Schulen und Berufsbildungszentren an der Reihe, womit die Kirche freilich seit einiger Zeit schon gerechnet hatte. Bislang hatte man sie verschont, weil das Land selbst nicht zur Übernahme der Kosten imstande war. Im Großen und Ganzen vollzog sich die Übergabe einigermaßen harmonisch. Meistens konnte ein vorher schon eigens geschultes Mitglied aus dem Lehrkörper für Kontinuität im Unterricht sorgen. Das algerische Personal wurde nahezu ausnahmslos vom Erziehungs- bzw. Arbeitsministerium übernommen. Die einzelnen Diözesen erhielten im Nachhinein sogar Entschädigungszahlungen.

Ich selbst war, wie gesagt, auf einen fahrenden Zug aufgesprungen. Als ich im September 1970 in Algier eintraf, betrat ich ein Land im völligen Umbruch. Als Erstes setzte man mich auf den Posten des stellvertretenden Direktors in einem Berufsbildungszentrum, das die Weißen Väter in Räumen ihres ehemaligen Noviziats eingerichtet hatten. Ich hatte keinerlei berufliche Ausbildung, also war nun Improvisation angesagt, und es gelang mir schließlich auch, Fuß zu fassen. Völlig unvorbereitet stand ich von heute auf morgen vor rund sechzig algerischen Jugendlichen, die voller Lerneifer und Wissbegier ins Berufsleben einsteigen wollten. Am Anfang zumindest war es für mich eine harte Herausforderung. Trotz aller guten Vorsätze, mich auf die Lebensart des Landes, für das ich mich entschieden hatte, voll und ganz einzulassen, war ich doch unbewusst weiter geprägt von dem Bild, wie es sich Franzosen vielfach damals von Algerien und seiner Bevölkerung machten. Auch ich hatte meinen Wehrdienst geleistet und war im September 1961 wie andere junge Männer meiner Altersstufe auch einberufen worden. Damals war ich einundzwanzig Jahre alt, und Algerien war ein Feld erbitterter Auseinandersetzungen. Während der Zeit im Priesterseminar von Coutances erlebte ich, wie Seminaristen vom Militärdienst auf Urlaub kamen oder nach Abschluss ihrer Dienstzeit zurückkehrten. Manche hatten schwere Kriegshandlungen erlebt, andere dagegen hatten in Grundschulen unterrichtet und brachten von ihrem Algerienaufenthalt und von der algerischen Bevölkerung durchaus positive Erinnerungen mit. Noch bei meiner Ankunft in Algerien kam unwillkürlich diese unbestimmte Angst in mir hoch, die man mir während meines Militärdienstes beigebracht hatte! Unteroffiziere und Offiziere hatten uns während der Ausbildung Hass und Misstrauen auf die „anderen", die „Fellagas", die „dreckigen Araber", kurz auf alle Algerier, eingeimpft. Ich hatte mich gegen die Teilnahme an Unteroffiziers- oder Offizierslehrgängen strikt gesträubt. Gott sei es gedankt, und aus Gründen, die ich nie erfuhr, wurde ich während meiner ganzen Militärzeit nicht in Algerien eingesetzt. Und dennoch machte sich etwas von dieser unbewussten und geheimen Angst bemerkbar, als ich im Hafen von Algier den Fuß auf algerischen Boden setzte! Nun stand ich vor einer Klasse von Algeriern, kaum jünger als ich, und war der stellvertretende Direktor der Einrichtung, Internatsleiter und Französischlehrer. Mein Mangel an Sprachkenntnissen erwies sich als echtes Handicap. Da ich auch für die Freizeitgestaltung zuständig war, war es durchaus hilfreich, dass ich ganz gut Tischtennis spielen konnte, im Fußball allerdings waren sie mir weit überlegen! Wir führten nun ein paar neue Aktivitäten ein, und allmählich begann das Eis zu schmelzen, doch ein gewisses Unbehagen verfolgte mich weiterhin und wirkte sich bis auf die Vertrauensebene aus, ohne die kein Erziehungsprojekt gelingen kann und ohne die auf Dauer auch keine Freundschaft möglich ist.

Aber dann wurde schlagartig alles anders! Eine Gruppe von Freunden aus Frankreich kam im Frühjahr zu Besuch. Einige meiner Schüler luden mich mit meinen Freunden zu sich in die Kabylei ein. Einer von ihnen, Akly, dem ich bis heute in enger Freundschaft verbunden bin, wollte unbedingt, wir sollten zum Couscous-Essen zu ihm nach Hause kommen, seine Mutter warte schon auf uns. Sie war Witwe. Ihr Mann, einst Kämpfer in der Résistance, war 1962 in Kämpfen von französischen Truppen getötet worden. Ihre Kinder musste sie allein großziehen. Und diese Frau öffnete nun acht Jahre nach dem tragischen Tod ihres Mannes einer Gruppe junger Franzosen ihr Haus und bediente uns noch dazu bei Tisch! Ich selbst wusste um ihre Geschichte, meine Freunde nicht. Alles Bisherige geriet auf einmal ins Wanken! Auch zwei von meinen Brüdern hatten ja an dem „komischen Krieg" teilgenommen oder ihn über sich ergehen lassen; Freunde von mir waren an Kampfhandlungen in den Dörfern beteiligt und hatten sich später nie mehr davon erholt. Und heute, acht Jahre danach, war für uns der Tisch dieser Familie gedeckt: Dieses Versöhnungszeichen traf mich wie ein Schlag, wie ein befreiender Elektroschock, der gleichsam alle bösen Erinnerungen mit einem Mal vertrieb. Versöhnung war also möglich, hier war der Beweis! Mit der Aufnahme einer menschlichen Beziehung hatte der ganze Sinn meines Lebens sich von Grund auf verändert. Auf einmal war mir klar, dass ich weit mehr selbst zu lernen als zu geben hatte. Dieses Land war mir unter die Haut gegangen. Mir war, als sei ich von dieser Frau zu einem neuen Leben geboren worden, zu einem neuen Blick, zu einer neuen Beziehung. Ich war befreit von aller Angst. Von da an war nichts mehr so wie vorher. Im gemeinsamen Mahl war ein Bund entstanden.

Von der Verstaatlichung zum radikalen Islamismus: Die Zeit der Begegnungen

Mit der Verstaatlichung der Schulen und Berufsschulen sowie der Anlaufstellen für handwerkliche Ausbildung und Frauenbildung schlug die Stunde einer neuen Herausforderung. Für die Frauen und Männer, die bisher in den Einrichtungen der Diözese beschäftigt waren, bedeutete dies einen radikalen Wandel. Bisher hatte man sich relativ unbeschwert im kirchlichen Rahmen bewegen können, wo ein gewisser Freiraum herrschte, wenn auch mit dem Risiko, dass man sich wie in einer Luftblase abschottete. Die Mitarbeit in staatlichen Einrichtungen an der Seite von algerischen Lehrerinnen und Lehrern verlangte demgegenüber eine radikale Umorientierung. Für viele Kirchenmitglieder wurde dies wiederum zum Anlass, in andere Länder abzuwandern und dort in kirchlichen Einrichtungen weiterzuarbeiten. Manchen Verbliebenen gelang es, einen Posten im staatlichen Schulsystem zu ergattern, andere ließen sich auf das Abenteuer ein, außerhalb von Schule ganz neu anzufangen, vor allem, wenn es ihnen an den nötigen Diplomen fehlte. Sie sahen aber nicht ein, weshalb sie ein Land verlassen sollten, das im Zug so vieler menschlicher, und sei es nur beruflicher Beziehungen in den vielen Jahren zu ihrem eigenen Land geworden war. Da ihnen die offiziellen Strukturen nun versperrt waren, mussten sie neue Kräfte der Anpassung und Kreativität mobilisieren. Manche wechselten in die prähistorische, linguistische und kulturelle Forschung. Frauenorden öffneten ihre Häuser und gründeten kleine Nachbarschaftsgruppen für Frauen für Nähen, Sticken, Weben usw. Erfindergeist und Kreativität erschlossen neue Spielräume, und so konnte ein neuer Typ von Beziehungen mit mehr Basisnähe, mit bescheideneren Mitteln und näher bei den Menschen entstehen. Man muss dazu wissen, dass die Frauenorden bis Ende 1975 in Algerien auf der einen Seite zwar fünfzig Niederlassungen geschlossen, andererseits aber auch achtundvierzig Gemeinschaften neu angesiedelt hatten, davon sechsundvierzig mit einer neuen Ausrichtung ihrer Dienste!

Die kontemplativen Orden wie etwa die Trappisten, Klarissen oder die Gemeinschaften aus der Geistlichen Familie von Charles de Foucauld erlebten diese Übergangsperiode etwas anders und konnten innerhalb der algerischen Gesellschaft sehr diskret weiterleben. Ihren Berufungen entsprechend hatten sie sich stärker für ein Leben im Gebet entschieden und hatten oft auch vorher schon ganz nahe bei den Menschen gelebt. Sie brauchten daher nicht die gleiche Art von „Bekehrung" wie die meisten anderen Kirchenmitglieder. In einem tiefreligiösen Land, wo auch sonst das tägliche Leben vom Rhythmus des Gebetes geprägt ist, schien die kontemplative Dimension ihrer Lebensweise gleichsam als etwas Selbstverständliches.

Alles in allem jedoch hatte sich die Mission der Kirche damit beträchtlich im Schwerpunkt verlagert, und eine ganz neue Etappe war eingeläutet. Von eigenen Strukturen entlastet, rückten sie spürbar näher an die Bevölkerung heran, und man darf diese Phase letztlich durchaus als Geschenk von oben ansehen. Zwar hatte die Kirche einen Großteil ihrer Mittel verloren, doch musste sie auch von einem Podest heruntersteigen. Sie hatte einiges an Macht eingebüßt, im Gegenzug dafür aber alles an Freundschaft, Geschwisterlichkeit und Nähe gewonnen. Viele waren zuvor gleichsam Gefangene innerhalb von mehr oder minder ertragbaren und akzeptierbaren Institutionen und erlebten sich auf einmal viel offener und verfügbarer für Begegnungen, für ein Hinhören, für Gastfreundschaft, für eine Haltung der Uneigennützigkeit. Wir lebten also nun viel näher bei den Leuten und ihrem Leben, ihren Sorgen und ihrem Alltag. Die Bischöfe im Maghreb veröffentlichten im Jahr 1979 ganz auf der Linie des Zweiten Vatikanischen Konzils einen gemeinsamen Brief unter dem Titel *Der Sinn unserer Begegnungen.* Schon die Überschrift war bezeichnend und wies auf die neuen Horizonte, die sich nun allmählich abzeichneten: *„Jeder Mensch, ob Christ oder Nichtchrist, ist vom Geist Gottes dazu berufen, während seines irdischen Lebens seinen Beitrag zu diesem gemeinsamen Bauwerk zu leisten. In der Begegnung miteinander müssen Christen und Nichtchristen sich gegenseitig helfen, ihrer grundlegenden Berufung gerecht zu werden, damit jeder seiner eigenen Berufung gemäß zum Wachstum der Individuen, der Gesellschaft und über die Jahrhunderte hinweg schließlich der ganzen Menschheit mit beitragen kann. Durch die Erkenntnis des Mysteriums Christi kann Gottes Reich zwar in einem vollkommeneren Maße ankommen, doch wird es schon jetzt immer dort verwirklicht, wo die Werte von Gerechtigkeit, Wahrheit, Freiheit, Frieden und Liebe als Früchte des Geistes Gottes zur Geltung kommen, in allen menschlichen Beziehungen, im Herzen eines jeden Menschen wie auch in kollektiven Beziehungen."*[3] Gewiss gab es auch vorher schon harmonische und tiefe Beziehungen, doch war die Kirche in ihrer Lebensweise damals noch sehr viel mehr auf Strukturen und äußerliche Repräsentation ausgerichtet. Nun jedoch hatte sie eine stärker „relationale" als „institutionelle" Grundlage erhalten, und es begann die Zeit für ein neues und demütigeres Verhältnis zur algerischen Welt: Die Kirche präsentierte sich mit leeren Händen.

Was wir von da an in unseren gegenseitigen Beziehungen lebten und erlebten, geschah nicht auf der Ebene eines theologischen oder intellektuellen interreligiösen Dialogs oder wohlorganisiert in großen Gesprächsrunden, sondern im „Dialog des Lebens", wie er Aus-

3 Zitat aus dem erwähnten Dokument, 4/3, S. 15

druck findet in unserem Engagement und in Lebensereignissen wie Geburten, Tod, Festen und beim gemeinsamen Essen. Ein Dialog solcher Art spielt sich im täglichen Miteinander ab – von den großen religiösen Diskussionen waren wir damals ohnehin weitgehend abgeschnitten. Zwar hielt sich noch ein gewisser Argwohn, wir wollten vielleicht den Dialog manipulieren, um anschließend doch noch eine Art von Evangelisierung ohne genügenden Respekt vor dem Glauben der anderen zu betreiben, und bis heute ist dieser Zweifel nicht ganz ausgeräumt. Die eigentliche Begegnung jedoch zwischen Christen und Muslimen spielte sich im täglichen Leben ab, auf unterster Ebene, nicht auf eigens errichteten Podien.

Mit der Verstaatlichung der Schulen und übrigen Einrichtungen hatte sich das Gesicht der Kirche insgesamt stark verändert. Sie war inzwischen multinationaler geworden: Viele Entwicklungshelfer waren aus nichtfranzösischen Ländern ins Land gekommen, dazu Christen aus nahöstlichen Ländern als Mitarbeiter in einem zunehmend arabisch geprägten Schulwesen, schließlich auch osteuropäische Christen als Arbeiter auf Baustellen oder in der Erdölindustrie. Das ist insofern nicht unwichtig, als damit das Image einer postkolonialen Kirche eine deutliche Korrektur erfuhr. Viele Bindungen wurden nun auch zu christlichen – katholischen wie orthodoxen – Gemeinden im Nahen Osten geknüpft. Heute kann es vorkommen, dass wir einen Gottesdienst in arabischer Sprache für ägyptische, libanesische oder syrische Lehrer oder Techniker feiern, die in Algerien arbeiten und oft auch mit ihren Familien hier wohnen. Unsere Kirche hatte eine universellere Dimension gewonnen und war genötigt, sich auch für arabische Christen zu öffnen, Verbindung zu ihnen aufzunehmen und sich bis in die Liturgie hinein zu „arabisieren“: Eine heilsame Provokation und Einladung, stärker auf eine Kultur von so reichhaltiger Vergangenheit einzugehen, nämlich auf die Kultur der arabischen christlichen Kirchen.

Bis zur Verstaatlichungswelle von 1976 war ich selbst in einem berufsvorbereitenden Zentrum unserer Diözese in Ghardaia tätig. Unsere Schüler waren männliche Jugendliche ohne Schulabschluss, die einen Zugang zu einer Berufsausbildung erhalten sollten. Auch diese Schule wurde verstaatlicht und geschlossen. Was sollte ich nun anfangen? Mir blieb die Möglichkeit, an eine öffentliche algerische Schule zu wechseln. Damals hatten die Weißen Väter in Touggourt gerade eine neue Niederlassung gegründet; also bewarb ich mich dort bei der Schulbehörde mit einer Bescheinigung, wonach ich mein Theologiestudium in englischer Sprache absolviert hatte, und erhielt daraufhin eine Anstellung als „freier Mitarbeiter" im staatlichen algerischen Unterrichtswesen! Eine höchst spannende Erfahrung! Ich unterrichtete Englisch in einer Mädchenschule, wo es übrigens keinerlei Probleme mehr mit der Disziplin gab; ich war der einzige Christ unter algerischen Kollegen etwa in meinem Alter, und mein Schulleiter war ehrenamtlich zugleich Imam an der Großen Moschee! Er war ein tiefgläubiger Mann mit hohem Respekt vor meiner Berufung, der an der berühmten Zitouna-Universität von Tunis studiert hatte. Es waren für mich faszinierende Jahre. Wir teilten von Grund auf die gleichen pädagogischen Sorgen miteinander, und die Schule war ihrer Größe nach so übersichtlich, dass wir uns untereinander alle gut kannten und uns austauschen konnten. Oft machten wir auf dem Heimweg noch einen Halt, tranken Tee miteinander. Dann wurde ich natürlich immer wieder mit Fragen überhäuft zu meiner Berufung, zum Zölibat, zum Leben in einer Ordensgemeinschaft, zu meinem Glaubensleben, und es entspann sich eine Art ständiger Dialog aus dem Alltag heraus. Zusammen mit meinen Kollegen zogen wir zum „Mouloud", dem jährlichen Geburtsfest Mohammeds, nachts durch die Moscheen von Touggourt. Einer wollte mich einmal „festnageln", ich sollte offen zugeben, wie ich es mit dem Zölibat halte. Ich will damit nur deutlich machen, wie vertrauensvoll und offen wir miteinander umgingen. Die

Antwort brauchte ich übrigens gar nicht selbst zu geben. Einer von meinen Lehrerfreunden erwiderte spontan: „Du siehst doch selbst, wie viel Energie Claude für seinen Gott und für die Mitmenschen aufbringt, damit hat er genug zu tun! Könntest du dir den dazu noch mit Frau und Kindern auf dem Arm vorstellen?" Es war wohl eher ein spontanes Argument, das nur für den Gesprächspartner gedacht war, aber eigentlich hatte er den Rahmen und Kern meiner ursprünglichen Lebensentscheidung ganz gut getroffen! So viel Nähe und Vertraulichkeit waren möglich, weil wir uns alle gemeinsam für eine menschliche Aufgabe einsetzten, nämlich für die Ausbildung von Jugendlichen im Rahmen eines Erziehungsprojekts, über dessen Werte wir uns im Grund alle einig waren. Jeder interreligiöse Dialog, der dieses „menschliche Terrain", dieses Geflecht aus Beziehungen ausklammern wollte, würde um sich selbst kreisen; vielleicht mag er intellektuell befriedigend scheinen, dennoch bleibt er rein theoretisch und ohne Auswirkung auf unser Leben als Gläubige und auf unsere Gesellschaften. Nur der gleichgesinnte und leidenschaftliche Einsatz für die Menschheit kann zwischen uns Brücken bauen und unseren Verschiedenheiten Sinn geben.

Drei Jahre lang arbeitete ich so als Englischlehrer. Dann musste ich aus verschiedenen Gründen von Touggourt Abschied nehmen und verbrachte ein Sabbatjahr im Nahen Osten. Zwei Mitbrüder aus meiner Gemeinschaft hatten sich für eine Form der sehr direkten Glaubensverkündigung entschieden, die meiner Ansicht nach zu wenig Raum ließ für den spirituellen Weg der Muslime und für das Wirken des Geistes auch außerhalb der Grenzen unserer eigenen Kirche. Damit war ich selbst in eine zwiespältige Lage geraten und in einen Gegensatz zu deren Ansatz. Daher entschloss ich mich mit Billigung meines Bischofs, diese Gemeinschaft zu verlassen. Ich hatte außerdem eine spirituelle Atempause dringend nötig, wollte meine arabischen Literaturkenntnisse erweitern und orientalische christliche Gemeinden besser kennenlernen. Als ich das meinem Schulleiter mitteilte, spürte ich seine tiefe Betroffenheit: „Wie sollen wir Sie denn ersetzen?", fragte er, „könnten Sie uns vielleicht einen anderen Pater als Nachfolger ausfindig machen?" Ich war erstaunt: „Es gibt doch genügend junge Algerier mit einer Ausbildung als Englischlehrer! Sie müssten doch mühelos jemanden finden können!" „Da liegt für mich nicht das Problem", meinte er, „mir käme es mehr darauf an, die Verbindung zur Kirche aufrechtzuerhalten!" Wir hatten uns in den Jahren davor kaum über spezifisch religiöse Fragen unterhalten, aber nun wurde mir schlagartig der Sinn meiner dreijährigen Präsenz deutlich, nämlich als ein Zeugnis, das weit mehr durch das Leben als durch Worte Ausdruck findet. Auch ein Leben in stiller und naher Präsenz kann also durchaus viel besagen, solange es ehrlich bleibt und sein Gegenüber in seinen tiefsten und nobelsten Grundentscheidungen respektiert.

Im September 1979 verließ ich Algerien. Kurz zuvor hatte ich zusammen mit Christian de Chergé aus dem Kloster Tibhirine den *Ribât Essalâm* gegründet, das „Band des Friedens". Auf diese Initiative, die anfangs bei so manchen in unserer Kirche auf Argwohn stieß, werde ich noch ausführlicher zurückkommen. Ich blieb fast ein Jahr lang im Nahen Osten. Die wichtigste Phase war mein Libanonaufenthalt in der nordöstlichen Bekaa-Ebene bei Michel, einem libanesischen Priester, der mich mit seiner menschlichen Wärme, seiner Begeisterung für das Evangelium und seiner geistigen Offenheit für die Muslime schon früher stark beeindruckt hatte. Zwei Jahre zuvor hatte er bei Nacht und Nebel etwa zwanzig engagierte junge Christen aus seinen beiden Pfarreien begraben müssen. Unbekannte hatten sie nachts aus ihren Familien gerissen und an Ort und Stelle erschossen. Die Region war damals vom „großen syrischen Bruder" besetzt. Michel wahrte dessen ungeachtet als Priester die gleiche Nähe zu Christen wie zu Muslimen, die im Übrigen für seine Sicherheit sorgten! Ich habe selbst miterlebt, wie man ihn von beiden Seiten gleich stark respektierte und anhörte. Er wollte als Mensch für alle da sein ohne jeden Unterschied. Ihm war jede Person heilig und achtenswert ohne Ansehen der Religion. Der Aufenthalt bei ihm hat mich ungemein beeindruckt, und bis heute bin ich ihm dankbar für seine Gastfreundschaft und seine brüderliche Unkompliziertheit. Unsere Geistesverwandtschaft war so groß und unsere Beziehung so natürlich und fröhlich, dass er mir selbst beim Abschied gestand: „Wie soll ich dir nur danken, Claude? Zwei Jahre lang hatte ich nicht mehr so herzlich gelacht!" Ich wusste weshalb.

Wieder zurück in Algerien, verlegte ich meinen Wohnsitz zunächst von Touggourt nach Ouargla. Da mein fester Vertrag als Lehrer ausgelaufen war, übernahm ich Aushilfestunden an verschiedenen Schulen, meist Krankheits- oder Schwangerschaftsvertretungen. Allein für diese Anstellung musste ich mindestens zwanzigmal bei der Schulbehörde vorsprechen! Meine Zeit als Aushilfslehrer dauerte drei Jahre. Zum Glück lebte ich nun in einer sehr brüderlichen Gemeinschaft aus drei Weißen Vätern und einem französischen Priester aus der Vendée. Manche Freunde nannten uns immer „die Familie".

1983 meldete ich mich freiwillig zur Verstärkung einer Gemeinschaft in Ghardaia. Das schwierigste Problem bestand darin, dort Arbeit zu finden, nachdem der Weg zurück in die Schule versperrt war. Mein Mitbruder Raphael durfte noch Englisch in einer Sekundarschule unterrichten, aber er hatte dafür auch eine Lehrerlaubnis vorzuweisen. Ein ganzes Jahr musste ich sehen, wie ich über die Runden kam! Nur mit Marktbesuchen und dem Einkauf von Orangen lässt sich das Leben eines Mannes schwerlich ausfüllen. Mein Jahr als „Arbeitsloser" auf Stellensuche bot mir allerdings einen Weg, noch viel enger in einer Gesellschaft präsent zu sein, zu der ich immer schon den Zugang suchte. Aber manchmal war es auch einfach zum Heulen! Ich kann heute die Menschen viel besser verstehen, die auf der Straße stehen und nach ihrer Menschenwürde suchen, die man ihnen genommen hat. Ich wollte aber nicht meine Zeit verbummeln. Ich las viel, knüpfte Beziehungen, kümmerte mich um die

Gäste. Unser Haus war wie eine Karawanserei, wo es tagsüber ständig und auch nachts manchmal an der Tür klingelte: Hier war eine kleine Nachbarschaftshilfe gefragt, da kam jemand zufällig vorbei und wollte uns besuchen, unsere Gästezimmer standen ja immer für alle bereit, die bei uns Halt machen wollten. Dennoch fühlte ich mich wie ein Auswechselspieler am Rand des Spielfelds.

Mit fünfundvierzig Jahren wollte ich viel lieber mitten im Leben der Menschen mitmischen und auch im Schattenleben wenigstens dem Leben des Jesus von Nazaret näherkommen! Ab und zu besuchte ich einen guten Freund in seiner „Dinanderie"-Werkstatt[4]. Er schlug mir allen Ernstes vor, mir sein Handwerk beizubringen. Anfangs nahm ich das nicht ganz ernst, bemerkte aber seinen Kummer darüber, dass keiner von seinen Söhnen sich für seine Nachfolge interessierte. Schließlich nahm ich das Angebot an, bat ihn aber, er solle mich wie jeden anderen Lehrling behandeln. Nur bitte keinen „Bastelkurs"! Und schon ging es an die Arbeit! Sobald ich konnte, trat ich in seiner Werkstatt an und beteiligte mich nun an der Arbeit von vier anderen Handwerkern, die entweder gar kein oder nur ein paar Wörter Französisch sprachen. Ganz unwillkürlich musste ich an den Handwerker von Nazaret denken oder auch an den Apostel Paulus von Tarsus, als er nach dem bitteren Fehlschlag seiner großen Rede von Athen bei Freunden Zelte und Segel flickte. Ich lernte mühsam mein Handwerk, hämmerte mir dabei immer wieder auf die eigenen Finger, ließ mich aber nicht entmutigen. Meine Kollegen hatten eine Engelsgeduld mit mir und bemühten sich rührend um den Lehrer, der da seltsamerweise von seinem Podest herabgestiegen war! Neben meiner Lehre im Handwerk machte ich auch eine Lehre im ganz einfachen Leben. Mittags aßen wir alle aus einer Schüssel, saßen „ganz unten" auf dem Boden auf einer Plastikfolie, und ich lernte

4 Ziselier- und Treibarbeiten an Kupfertellern und -gefäßen, benannt nach der belgischen Stadt Dinant. Anm. d. Üb.

genau auf dieser untersten Ebene zu leben, nicht aus Demut oder Mitgefühl, sondern weil ich brennend darauf aus war, näher an das einfache Leben der Leute heranzukommen. Meine Arbeit als Handwerker und Lehrling unter den kritischen Augen meiner Kollegen, das Staunen über das Schöne, das da unter meinen eigenen Händen und denen der anderen entstand, die Beherrschung des Metalls mit dem Hammer oder mit rasiermesserscharfen Zangenscheren; eine regelrechte Schule im Leben und Können der anderen prägten mein Leben von Grund auf neu, noch weit mehr als meine Lehrerjahre, die mir doch schon so viel gebracht hatten. Ich fühlte mich dem *Homo faber* sehr viel näher als dem *Homo sapiens* und stellte mir unwillkürlich immer wieder vor, wie auch Gott mit viel Mühe, Geduld und Liebe seine Schöpfung geformt hatte, um sie dann in menschliche Hände zu übergeben. Durch die harte Arbeit sah ich zudem meine Berufung erneuert, und im direkten Kontakt mit dem Alltag dieser Menschen, die ich aus ungeahnter Nähe ganz neu entdecken durfte, fühlte ich mich wie durch Osmose selbst in meinem Menschsein bestärkt. Von da an war es für mich schlicht undenkbar zu meinen, man könne irgendjemand einen Weg des Evangeliums vorschlagen, ohne im Gegenzug selbst bereit zu sein, vom anderen ein „Mehr" an Menschsein zu empfangen. Meine Liebe zu diesem Land und zu den Muslimen wurde in der Werkstatt immer fester geschmiedet. Das ging freilich nicht ohne einen ganz persönlichen Preis: Ich hämmerte mir immer wieder auf die eigenen Finger!

Ich nahm am sozialen und religiösen Leben mit seinem Rhythmus von Fest- und Trauerzeiten teil, also gab es während des Ramadan auch für mich mittags kein Essen. Umgekehrt fühlte ich mich selbst immer voll und ganz in meinem Christsein und auch als „Weißer Vater" respektiert – früher hätte man eher gesagt als „Marabout"[5].

5 Vom arabischen murabit, im Volksislam die Bezeichnung für einen islamischen Heiligen oder eine ehrwürdige Persönlichkeit.

Bisweilen hält die Geschichte seltsame Zufälle bereit: Mein „Chef" Baschir hatte sein Handwerk von einem Muslim gelernt und der wiederum von einem Juden in der Zeit vor der Unabhängigkeit Algeriens, als es in Ghardaia noch eine ansehnliche jüdische Gemeinde gab – und nun gab er seine Kunst an einen „christlichen Marabout" weiter: Vielleicht ein Fingerzeig der Geschichte...

Als mir nach dreijähriger Lehrzeit die Ziselierarbeit an einem etwas ausgefallenen Teller besonders gut gelungen war, sagte Baschir zu mir: „Der Lehrling hat den Meister übertroffen. Jetzt kannst du wieder nach Hause gehen." Von da an arbeitete ich ein Jahr lang für mich allein. Ich lebte weiter in meiner Gemeinschaft, arbeitete gleichzeitig in meinem Handwerk und betreute weiter auch die Gäste. Ehrlich gesagt, verschenkte ich die Ergebnisse meiner Arbeit öfter, als dass ich sie verkaufte, etwa nach dem Motto: „Herr, befreie mich von meinen Freunden, mit meinen Feinden werde ich schon selbst fertig!"

Nach vier Jahren im Metier trat erneut eine Wende ein: Mein Bischof übertrug mir das Amt des Generalvikars und beauftragte mich mit der Fortbildung für die Ordensleute seiner riesigen Diözese. Damit begann für mich ein Nomadenleben, das seitdem nicht mehr wirklich aufgehört hat.

Jahre der Heimsuchung und Gewalt: Zeit der Schwachheit und Aussaat

Die Phase, die für mich dadurch markiert war, dass ich sozusagen immer tiefer in ein Leben der Beziehungen eintauchte, dauerte bis zu dem Zeitpunkt, den man die „Oktoberrevolution von 1988" nennen kann. Was geschah? Algerien hatte sich mit dem Beginn seiner Unabhängigkeit in einen ungeheuren Entwicklungs- und Industrialisierungsprozess gestürzt. Enorme Industrieanlagen waren aus dem Boden gewachsen, oft mit Technologien ausgestattet, die bei Weitem das Schulungsniveau der Arbeiter und Führungskräfte überstiegen. Immer öfter kam es zu wirtschaftlichen Engpässen und Fehlleistungen in Planung und Verwaltung, während der Staat sich durch Anleihen hoch verschuldete. Nachdem der Kurs für einen Barrel Rohöl auf einen ersten Höchststand von mehr als dreißig Dollar gestiegen war – damals enorm viel! –, kam es 1986 zu einer Ölkrise, und ausgerechnet jetzt sollte das Land seine Kredite zurückzahlen. Kurz darauf stürzte der Barrelpreis plötzlich auf zwölf Dollar ab – heute steht er bei über hundert. Aufgrund der Ölkrise musste Algerien die Einfuhr von Lebensmitteln um rund 60 bis 70 Prozent einschränken, und in öffentlichen Unternehmen kam es zu einem Einstellungsstopp.

Bis dahin hatte man vor allem auf eine bessere Schulbildung gesetzt und die Einschulungsquote auf 90 Prozent und mehr gesteigert, auch wenn es die vorhandenen Einrichtungen überforderte und das Niveau darunter litt. Universitäten waren neu entstanden, die im Endeffekt jedoch immer mehr „diplomierte Arbeitslose" produzierten. Die Unzufriedenheit mit den Lebensverhältnissen äußerte sich immer lauter: Lebensstandard und Kaufkraft sanken zusehends, manche Lebensmittel wurden knapp, die Warteschlangen vor den Läden wurden länger, auf den Straßen kam es zu ersten Unruhen und im Oktober 1988 schließlich zum Volksaufstand in den größeren Städten. Die Armee, auf den Umgang mit Straßendemonstrationen nicht vorbereitet, ging repressiv mit Gewalt gegen die Volksmengen vor, Menschen starben zu Hunderten durch Gewehrschüsse. Das ganze Land taumelte nun in eine neue Geschichtsepoche, aber ausgerechnet jetzt erlebte es paradoxerweise, wenn auch nur kurz, eine Phase ganz ungekannter Freiheiten: Die Einheitspartei verlor ihre Alleinherrschaft, Parteien aller Art bildeten sich, Zeitungen verschiedener Meinungsrichtungen kamen heraus, es herrschte Meinungsfreiheit – so etwas hatte es nie zuvor gegeben! Endlich durfte man frei reden, und das gilt bis heute dank einer freien Presse, die alles daransetzt, ihre Spielräume zu bewahren.

Der damalige Präsident versprach im Februar 1989 die Einführung einer neuen Verfassung, doch hatte inzwischen schon eine fundamentalistische und islamistische Welle begonnen, die verschiedenen gesellschaftlichen Bereiche zu überrollen, vor allem an einigen Universitäten, wo sich radikale Islamisten und Marxisten schon seit den 70er Jahren befehdeten. Professoren aus den Reihen der ägyptischen „Moslembruderschaften" kamen als Verstärkung, um die staatlich eingeleitete Arabisierung zu unterstützen und die Bevölkerung mental auf die Einführung eines islamistischen Staates einzustellen. Durch deren Mitwirken und im Zug einer allgemein wachsenden Unzufriedenheit formierte sich an den Moscheen, an Schulen und Universitäten die Islamische Heilsfront (*Front islamique du salut*, FIS) als neue politische Kraft, die sich die sittliche Erneuerung der Gesellschaft durch Rückkehr zum islamischen Gesetz der Scharia auf die Fahnen schrieb. Im Juni 1990 gewann die Heilsfront gleich die ersten Kommunalwahlen. Auch bei den Parlamentswahlen im Dezember 1991 zeichnete sich bereits im ersten Wahldurchgang ein sicherer FIS-Sieg ab. Was danach folgte, ist wohl noch allseits in Erinnerung: Im Januar 1992 erklärte die Armee kurz vor dem zweiten Wahlgang die Wahlen für beendet. Sie enthob den Präsidenten des Amtes und setzte stattdessen ein staatliches Komitee unter dem Vorsitz von Mohammed Boudiaf ein, eines „Ehemaligen" der Revolution, der aus seinem marokkanischen Exil zurückgekehrt war.

Der ging nun in aller Schärfe gegen die Korruption im Land vor und schickte sich an, mit frischen Kräften ein neues Gesellschaftsprojekt einzuführen. Am 29. Juni desselben Jahres noch fiel er einem Attentat zum Opfer, das die seit 1985 unterschwellig ständig gegenwärtige Gewalt nun voll zum Durchbruch brachte. Gefangene aus den Internierungslagern im Süden des Landes kamen frei, in den Bergen bildeten sich Widerstandsnester. Es kam zunehmend zu Attentaten gegen Vertreter der öffentlichen Ordnung, dann aber auch gegen Ausländer und die intellektuelle Elite, gegen Journalisten, Lehrer, Ärzte, Wissenschaftler, Sänger, Imame. Zahlreiche Algerier verließen daraufhin ihr Land, andere hingegen wollten unbedingt an einem menschenfreundlichen und toleranten Islam festhalten, ihrem Land die Treue halten und ihm den Absturz ins Chaos ersparen. Vor allem die Frauen übernahmen in dieser Krise eine entscheidende Rolle. Sie mobilisierten sich in großer Zahl und bewiesen ein unglaubliches Maß an Mut und Durchhaltevermögen, um der Gewalt von jeglicher Seite entgegenzutreten, zumal in vielen Familien die Söhne teils der Heilsfront, teils der Armee, der Polizei oder einer demokratischen Partei angehörten. Wie oft waren es dann die Mütter, die das völlige Auseinanderbrechen der Familie verhinderten. Daran zeigt sich zugleich, wie tief die Algerienkrise nicht nur in die Gesellschaft insgesamt, sondern bis in deren Grundzellen eingedrungen war.

Auch die Kirche blieb von diesen Vorgängen nicht verschont. Schon zwischen 1972 und 1985 hatte man drei Mitglieder aus dem Klerus ermordet, und im November 1975 gab es in den Diözesen Oran, Constantine und Algier drei Versuche, die Gotteshäuser zu besetzen. Nun wurde sie erst richtig vom Sturm erfasst, es begann für sie „die Zeit der Schwachheit", wie der junge Père Christian Chessel aus Tizi-Ouzou es nannte. Am 1. Dezember 1993 erging von Seiten der bewaffneten islamistischen Gruppen eine Warnung an alle Ausländer mit dem Aufruf, das Land zu verlassen. Damals verfasste Christian de Chergé sein Testament. Noch im selben Monat wurden zwölf Christen kroatischer Herkunft ermordet, die auf einer Baustelle nahe beim Kloster der Mönche von Tibhirine arbeiteten, weitere von ihnen entgingen dem Massaker durch das beherzte Eingreifen muslimischer Kollegen. Bald danach erhielten die Mönche selbst unmittelbar vor Beginn ihrer Christmette Besuch von einem islamistischen Anführer. Am 8. Mai 1994 wurden Henri Vergès in der Kasbah von Algier und

Schwester Paule Hélène von zwei Männern in ihrer Jugendbücherei ermordet. Am 23. Oktober starben die beiden spanischen Ordensschwestern Esther und Caridad im Stadtviertel Bab El-Oued in Algier auf ihrem Weg zum Gottesdienst[6]. Am 27. Dezember 1994 tötete ein als Polizei verkleidetes Kommando die vier Weißen Väter Chevillard, Deckers, Dieulangard und Chessel in Tizi-Ouzou. An ihrer Beerdigung in der Kabylei nahmen mehr als fünftausend Menschen teil. Glücklicherweise scheiterte ein weiterer Attentatsversuch auf das Haus der Väter in Ghardaia am 8. Januar 1995, aber dann kamen am 4. September desselben Jahres im Stadtviertel Belcourt von Algier erneut zwei Ordensschwestern, Schwester Bibiane aus Frankreich und Schwester Angèle Marie aus Malta, bei Überfällen ums Leben. Sie hatten dort mehr als dreißig Jahre lang in der Frauenhilfe gearbeitet. Am 10. November fand man Schwester Odette, eine von den Kleinen Schwestern vom Heiligsten Herzen, ermordet auf, während ihre Begleiterin, Schwester Chantal, mit schweren Verletzungen überlebte.

Auf dieses schreckliche Jahr 1995 folgte ein ebenso schlimmes Jahr 1996. In der Nacht vom 26. zum 27. März entführte eine bewaffnete islamistische Gruppe sieben der Mönche von Tibhirine, die Brüder Christian, Bruno, Célestin, Christophe, Luc, Michel und Paul aus ihrem Kloster in die Berge. Sie alle wurden am 21. Mai ermordet. Am Tag darauf verbreitete sich die Nachricht. Von der Botschaft der Entdeckung ihrer Leichen – tatsächlich hatte man nur die vom Körper getrennten Köpfe gefunden! – zutiefst getroffen, starb Kardinal Duval am 30. Mai im Alter von dreiundneunzig Jahren. Noch drei Wochen vor seinem Tod war ich bei einem kurzen Aufenthalt in Algier mit ihm zusammengetroffen. Er war damals völlig niedergeschlagen. „Ich bin gekreuzigt", sagte er zu mir und fügte hinzu: „Das ist noch nicht die Zeit der Ernte. Es ist die Zeit der Aussaat." Er hätte

6 Vgl. dazu Anhang 1: ein Zeitungsartikel von Said Mekbel

die Epoche, die nicht nur die Kirche, sondern das ganze algerische Volk durchmachen mussten, kaum besser kennzeichnen können.

Am 1. August wurde Bischof Claverie beim Betreten seines Hauses von einer Bombe getötet. Sein Blut vermengte sich mit dem seines Chauffeurs Mohammed. Der Bischof hatte seit Monaten unbeirrt diesen mörderischen Wahnsinn, egal von welcher Seite er ausging, gebrandmarkt und hatte sich, gelegen und ungelegen, furchtlos zu Wort gemeldet. Die Kirche lebte also selbst mitten im algerischen Sturm und war mit hineingeraten in die Spirale der Gewalt. Auch sie blieb nicht verschont und musste ihren Anteil an der Verunsicherung der terrorisierten Gesamtbevölkerung tragen. Die zentrale Frage in diesen stürmischen Jahren lautete: „Gehen oder bleiben?" Es war ein ständiges Schwanken zwischen einem eisernen Durchhalten bis ans bittere Ende und der weisen Vorsicht der Taube. Algerien verlassen hätte jedoch bedeutet, all die Freundschaften und das Vertrauen zu verraten, die sich so viele Jahre des täglichen Miteinanders hindurch im Leben mit dem algerischen Volk bewährt hatten. Ein Rückzug der Kirche aus aller Gefahr war in dieser Krisenzeit einfach unvorstellbar. Sie hatte die Hoffnungen und Höhen der Geschichte dieses Landes geteilt; also entschied sich die Kirche von Algerien durch die Stimme ihrer Bischöfe auch zum Bleiben, nicht einfach nur „um des Bleibens willen", als wolle man wenigstens ein paar Möbel retten, sondern aus Liebe zu diesem Volk, so wie man auch am Kranken- oder Sterbebett eines Freundes ausharrt – aus Liebe zu diesem Algerien in den Fängen einer irrsinnigen Gewalt. Als ein Journalist einen Priester am Telefon fragte: „Weshalb wollen Sie hier bleiben und nicht lieber dieses Land voller Gewalt verlassen? Wollen Sie unbedingt Ihr Leben aufs Spiel setzen?", gab der zur Antwort: „Ich würde ja auch meine Frau nicht im Stich lassen, wenn sie verrückt geworden wäre!" Kurz vor seiner Entführung kam ein befreundeter Nachbar der Mönche von Tibhirine zu Bruder Christian, um sich nach der Lage zu erkundigen. In seiner momentanen Verunsicherung kurz nach dem Besuch des Anführers einer bewaffneten Gruppe musste Christian gestehen: „Weißt du, wir leben jetzt so ähnlich wie Vögel auf den Bäumen..." Worauf der Nachbar meinte: „Aber ihr seid doch hier der Baum! Wenn der weg ist, wohin sollen wir uns dann setzen?"

Ich selbst verließ Algerien im Sommer 1994 mit dem Auftrag, bei der Ausbildung des Nachwuchses der Weißen Väter im Schweizer Noviziat mitzuarbeiten. Dort wartete eine völlig andere Erfahrung auf mich! Bei einer Operation in der Leistengegend durchtrennte mir ein Chirurg versehentlich einen Nerv! Mein linkes Bein war gelähmt. Ein zweiter Chirurg bot mir die Transplantation eines noch aktiven Nervs vom selben Bein an, ein allerdings mikrochirurgisch äußerst heikles Unternehmen. Trotz der geringen Erfolgsaussichten wagte er die Operation. Würde es gelingen oder schiefgehen? Neun Monate lebte ich mit einem gelähmten Bein, das allmählich fast bis auf die Knochen abmagerte: Zahllose Nächte voller Albträume, Schmerzen, Schlaflosigkeit, besonders auch während eines längeren Erholungsaufenthaltes bei meiner Schwester und meinem Schwager, deren Hilfsbereitschaft mich ebenso wie die meiner ganzen Familie noch heute beschämen.

Im Grunde war es aber nicht so sehr mein Bein, das mir Schmerzen bereitete, es war Algerien! Ich ging zu einem Neurologen. Sein Elektromyogramm ließ mir keine Hoffnung, und sein Verdikt als Spezialist war unwiderruflich: Mein Bein würde nie wieder normal funktionieren! Der Nerv war und blieb abgestorben, damit hatte ich mich wohl oder übel abzufinden. Ich ließ mir eine Gehhilfe anfertigen, eine Art Plastikgelenk, das mein Bein von oben bis unten abstützte und ihm mit einem ausgeklügelten System aus Gummibändern zum Gehen verhalf. Mein Chirurg dagegen machte mir immer noch ein wenig Hoffnung, er glaubte weiter an seine Arbeit: „Warten Sie noch ein Jahr ab, man weiß ja nie. Vielleicht wacht der Nerv doch noch auf." Nur halbwegs überzeugt, fasste ich doch noch etwas Mut und kehrte in die Schweiz zurück, wo meine neue Aufgabe immer noch auf mich wartete. Ich legte mich nun kräftig ins Zeug und stieg in die Ausbildung von jungen Novizen aus Afrika, Südamerika und Polen ein, und mein Handicap sollte mich nicht einmal daran hindern, sogar zu Rhythmen des Tamtams zu tanzen. Ich ging wandern, fuhr Mountainbike und lief sogar Ski, ich stürzte, stand wieder auf, und weiter ging es. Ich wollte mich einfach mit meiner Situation nicht abfinden.

Und plötzlich, eines Morgens im Frühling – in Rom, bitteschön, wo ich gerade an einem Fortbildungskurs teilnahm! –, streckte ich beim Aufwachen ganz unbewusst mein Bein aus – und es gehorchte mir! Ich wollte es nicht glauben. Eine Woche lang wagte ich keinen zweiten Versuch, weil ich meinte, alles sei nur Einbildung. Wieder zurück in der Schweiz, versuchte ich es noch einmal: Nein, es war kein Traum gewesen, der Nerv hatte seine Funktion wieder aufgenommen – in einem Bein, das kaum noch dicker war als mein Arm! Unter Tränen erzählte ich der Familie und meinen Freunden am Telefon von der Neuigkeit. Nach ein paar Monaten Rehabilitation konnte ich endlich meine Krücken wegräumen, die Gehstütze hatte ihren Dienst getan! Mein Bein und mein ganzes Missgeschick hingen zutiefst mit dem Leiden Algeriens zusammen. Wenn nun der Nerv an meinem Bein neu aufzuleben vermochte, so die Schlussfolgerung, dann musste das auch für den Nerv von Algerien gelten! Die Hoffnung war noch nicht gestorben. Allen äußeren Anzeichen zum Trotz konnte ich nicht anders als hoffen, denn nun war mir diese Hoffnung ins eigene Fleisch geschrieben. Mir war es so ergangen wie dem Patriarchen Jakob: Auch der war beim seinem Ringen, als er sich „gegen Gott stark erwies", an der Hüfte geschlagen worden. Von da an musste er zwar hinken, aber er war gesegnet (Gen 32,23-33)! Auf einmal wurde mir auch die Bedeutung meines Vornamens Claude deutlicher, die man mir im Lateinunterricht von *claudicus*, dem „Hinkenden" hergeleitet hatte, was für mich immer einen eher peinlichen Beiklang hatte. Nach neunmonatigem Kampf nahm ich nun diesen Namen neu auf mich wie ein Wundmal und gleichzeitig wie einen Segen, der dem Volk zukommen sollte, das mir so lieb und teuer war. Ein paar Monate später kehrte ich zu meinem Chirurgen zurück, der seinen Augen nicht trauen wollte. Auf meinen kräftigen Händedruck und Dank hin meinte er noch ganz im Vertrauen: „Jetzt behaupten Sie nur nicht, das sei ein Wunder gewesen!" Er hatte seine Arbeit ordentlich gemacht, und das erfreuliche Ergebnis seiner Mühe und seiner professionellen Kompetenz sollten eine Angelegenheit zwischen Gott und mir bleiben...

Umgeben von schweizerischer Geruhsamkeit blieb mein Herz tief innerlich dem verwundeten Algerien weiter verbunden. Am schmerzlichsten vermisste ich die im Lauf der Jahre geknüpften menschlichen Bindungen, die durch die Zeit des Wahnsinns nur noch lebendiger geworden waren. Immer wieder hatte ich regelrechte Albträume, wenn die Medien nur Bilder von Gewalt und Blutvergießen zeigten und rein gar nichts vom alltäglichen Leben in Algerien! Man hätte glauben mögen, das ganze Land versinke in Höllenfeuer und Blutvergießen. Wenn ich jetzt nicht in das Land zurückkehrte, so glaubte ich, dann nie mehr! Im Frühjahr 1996 entschloss ich mich zu einer Reise. Soeben waren die Mönche von Tibhirine entführt worden. Leute aus meinem Umkreis fragten, was in mich gefahren sei, und versuchten vergebens, mich zurückzuhalten. Ich reiste zwar mit mulmigen Gefühlen los, aber nichts konnte mich aufhalten. Ich wollte zurück, ich wollte das Land in einem anderen Licht sehen als nur im Zeichen von Horror und Blut. Ich blieb fast drei Wochen lang. Voll Freude traf ich die altvertrauten Gesichter wieder, die mutig ihren Alltag weiter bewältigten; ich fand wieder den direkten Kontakt zum Leben, nachdem man mir nur Bilder vom Tod gezeigt hatte. Die Lage war tatsächlich äußerst angespannt, aber ich war beeindruckt vom unverdrossenen Mut so vieler Frauen und Männer in Algerien, die alles taten, damit ihr Land nicht im Chaos unterging! Ich traf den mutigen Bischof Teissier von Algier, der zutiefst niedergeschlagen war – nicht nur wegen der Verluste unter den Gliedern seiner eigenen Diözese und der Geiselnahme der Mönche, sondern auch wegen der vielen unschuldigen Opfer aus den Reihen der Bevölkerung. Seinen auch von den übrigen Bischöfen mitgetragenen Mut und die bewundernswerte Art, wie er seine kleine Herde unerschütterlich vereint beisammen hielt, möchte ich an dieser Stelle besonders hervorheben. Die kurze Reise hatte mich mit dem wirklichen Leben und mit all denen wieder in Verbindung gebracht, die sich für das Leben einsetzten, Christen wie Muslime im engen Miteinander. Voll Zuversicht kehrte ich von diesem Aufenthalt zurück. Meine Freunde aus dem Süden hatten mir neuen Mut gegeben und ließen mich wieder abreisen – in fester Erwartung freilich, dass ich bald zurückkommen würde. Nach einer gewissen Zeit in der Ausbildungsarbeit zuerst in der Schweiz und danach in Burkina Faso, wohin unser Noviziat inzwischen verlegt worden war, kehrte ich endlich zurück, nun als Verantwortlicher für den Einsatz der Weißen Väter in Algerien und Tunesien. Und ich erlebte Algerien als ein Land, in dem das Leben langsam wieder zur Normalität zurückfand, nachdem ein schrecklicher Sturm über das Land gezogen war. Doch nun gab es noch eine weitere Wende zu bewältigen...

Und nun? Zeit der Aussaat und des Aufkeimens

Die Krisenjahre der Heimsuchungen und Gewalt hatten mit all ihren Erschütterungen und Herausforderungen die algerische Gesellschaft, aber auch das Bewusstsein vieler Muslime von Grund auf verändert. Unter Berufung auf den Islam hatten Menschen Frauen, Kinder und Unschuldige, Journalisten und Imame, Priester und Ordensfrauen umgebracht, und das im Namen Gottes! Dem tiefen muslimischen Wissen und Gewissen war das einfach unerträglich: Solches Morden konnte Gott nicht gewollt und nicht befohlen haben. Wo sollte man da angesichts solcher Gräuel noch einen Sinn sehen? Die Krise hatte wie ein Elektroschock bei vielen muslimischen Frauen und Männern eine Rückbesinnung tief in der eigenen Seele ausgelöst und dem persönlichen Gewissen wieder stärker zur Geltung verholfen. Zudem herrschte inzwischen eine Redefreiheit, wie man sie zuvor nicht gekannt hatte.

Wir erleben seither, wie ein „pluraler Islam" in bunteren Farben und Ausdrucksformen als zuvor entsteht, wenngleich auch jetzt noch ein gewisser Rigorismus von Einfluss bleibt. Nach derartigen Erschütterungen hat auch die Identitätssuche neues Gewicht bekommen, auch das ist wohl ein Zeichen der Zeit. Manche Menschen halten sowohl im Alltagsleben als auch auf der Reflexionsebene Ausschau nach Partnern von außerhalb, wobei besonders die Christen, so klein ihre Zahl auch sein mag, in den Städten im Norden des Landes vor allem als Partner einer gemeinsamen Sinnsuche gefragt sind. Zweifellos ist auch hier etwas am Aufkeimen, begleitet allerdings auch von Tendenzen des Verschließens und Ausschließens, wie man sie freilich in jeder Gesellschaft beobachten kann.

Bemerkenswert ist ferner, dass Algerien nun auch darangeht, die eigene Geschichte neu zu erkunden. Eine ganze Reihe von Denkern, Historikern und Intellektuellen suchen sich das kulturelle und religiöse Erbe des antiken Nordafrika neu anzueignen. Die Suche konzentriert sich besonders auf die Gestalt des heiligen Augustinus, dem man sozusagen endlich seinen Nationalitätsausweis zugesteht! Kurz nach der Jahrtausendwende gab es ein Kolloquium über diese berühmte Gestalt, das gleichzeitig auch Anlass bot, die Kirche des Maghreb und deren Geschichte mit neuen Augen zu betrachten. Erst im Zeichen einer solchen Öffnung wurde die Seligsprechung von Charles de Foucauld im Oktober 2005 möglich.

Wie aber kann dieses Land zu einer Versöhnung mit sich selbst finden? Ganz allmählich ist auch da ein Prozess wenigstens hin zu einem zivilen Frieden in Gang gekommen. Versöhnung geschieht aber nicht einfach und von selbst und Vergebung schon gar nicht. Hier haben die Führenden des Landes und die Gesellschaft selbst noch eine heikle Aufgabe vor sich. Inzwischen hat die Regierung schon zwei Volksbefragungen zum Thema des zivilen Friedens und der nationalen Versöhnung durchgeführt, eine am 16. September 1999, die zweite am 30. September 2005. Die Ergebnisse der Urnen sprachen sich für Versöhnung aus. Man mag – nicht ganz zu Unrecht – an der Effizienz eines solchen etwas zwiespältigen Verfahrens zweifeln. Manche würden ihrem Land viel lieber die Chance zubilligen, einen Strich zu ziehen und ein ganz neues Kapitel aufzuschlagen, um die nachfolgenden Generationen von der Bürde einer so tragischen Vergangenheit ganz zu entlasten. Die Umsetzung der Versöhnung erweist sich in der Praxis als sehr schwierig, aber wir wissen auch, wie sehr dieses Land dazu fähig ist, sich selbst in dramatischsten Situationen immer wieder neu aufzuraffen. Letzten Endes wird allein die Geschichte die Zweckmäßigkeit und Wirksamkeit des beschrittenen Weges beurteilen können.

Am 8. September 2005 haben wir Bischöfe aus eigener Initiative ein Dokument zu diesem Thema veröffentlicht. Es versteht sich als ein Bemühen um Reflexion aus dem Geist des Evangeliums sowohl für die Christen als auch für die uns nahestehenden Algerier. Die Bischöfe wollen sich dabei keineswegs an die Stelle der Regierenden setzen, sie wollen vielmehr zum Ausdruck bringen, mit wie viel Sensibilität auch wir diesem Prozess gegenüberstehen, der vor allem die Gewissen anspricht und die Zukunft der Gesellschaft betrifft[7].

Bleibt als derzeit größte Herausforderung noch die Frage, ob dem Land der Übergang zur Marktwirtschaft einschließlich der Schaffung von neuen Arbeitsplätzen gelingen wird. Nachdem der Kurs

---

7 Vgl. Anhang 2

für den Barrel auf über hundert Dollar kletterte, war das Land imstande, den Großteil seiner Schuldenlast abzutragen, enorme öffentliche Bauvorhaben wurden auf den Weg gebracht; bis 2010 war der Neubau von einer Million Wohnungen geplant, die Verwaltung sollte effizienter und die Trinkwasserversorgung verbessert werden. Allerdings halten sich die ausländischen Investoren bislang noch eher zurück. Der Erlös aus der Erdölförderung müsste dringend dafür verwendet werden, auch neue Arbeitsplätze zu schaffen, um der nachwachsenden und auf den Arbeitsmarkt drängenden Generation eine Zukunft zu sichern. Sollten sich hier nicht in absehbarer Zeit entscheidende Veränderungen abzeichnen, drohen neue soziale Unruhen, die vereinzelt schon jetzt mancherorts aufflammen.

Prioritäten für die Kirche heute

Bisher ging es uns vorrangig um Begegnungen und Teilhabe am Leben der Algerier im Rahmen ihres eigenen sozialen, kulturellen und religiösen Milieus, und diese Dimension unserer Berufung wird auch künftig ein bleibendes Kennzeichen unserer Kirche bleiben. Um auf dieser Schiene noch weiter voranzukommen, müssen wir uns noch stärker um die Kenntnis von Kultur und Sprache des Landes bemühen. Wir müssen den Islam in seinen verschiedenen Ausprägungen im religiösen und soziokulturellen Bereich noch gründlicher kennenlernen. Das wird für eine noch respektvollere und tiefere Begegnung mit unseren Gesprächspartnern unerlässlich sein. Wir müssen den Horizont für den Dialog noch weiter öffnen und auch theologisch den Sinn eines religiösen Pluralismus weiter erforschen. Und wir dürfen nicht nachlassen im Bemühen um bessere Sprachkenntnisse sowohl im literarischen als auch umgangssprachlichen Arabisch und in der Berbersprache. Bei Sprachkursen vor allem für Französisch, aber auch für Englisch, Spanisch und Italienisch sind wir zwar selbst stark gefragt, doch darf diese Nachfrage nicht unser eigenes Bemühen verringern, dem anderen in seiner ursprünglichen Kultur und seiner eigenen Muttersprache zu begegnen. Solches Bemühen wird vor allen Dingen von „Neuankömmlingen" verlangt, aber auch sonst von all denen, die sich auf das Feld einer echten Begegnung begeben wollen.

Zu unseren vorrangigen Aufgaben gehört ferner die Wahrnehmung von neuen Formen der Armut. Sie muss uns den nötigen Zugang verschaffen zum realen Leben, zum Leiden und Sterben, zur Menschenwürde jeder Person. Hier tut sich ein ungeheuer weites Feld auf: Behinderte, Arbeitslose, Frauen in Not, Jugendliche nach Beendigung ihrer Schulzeit... Der Übergang zu mehr Marktwirtschaft und das Vorrücken der Globalisierung haben dem Land zwar wirtschaftlich etwas mehr Luft verschafft, doch profitiert davon bisher nur ein kleiner Teil der Bevölkerung. Jemand sagte einmal: „Algerien war noch nie so reich wie heute, aber es hat auch nie so viele Arme gegeben." Man sorgt für vielerlei neue Strukturen im Land, um die vielen Bedürfnisse der Bevölkerung zu befriedigen; und man stellt dafür auch Mittel zur Verfügung. Nur fragt sich jeweils, ob sie auch bei denen ankommen, für die sie eigentlich gedacht sind. Im Bereich der Armut wird die Kirche sich auch weiterhin im Rahmen ihrer sehr bescheidenen Mittel und auf dem Weg über Vereine, Büchereien, Schülerhilfen, Frauenarbeit und Behindertenhilfe engagieren.

Des Weiteren darf uns, und hier handelt es sich um ein eher neues Phänomen, die heranrollende Migrationswelle von Menschen aus schwarzafrikanischen Ländern auf ihrer Suche nach Einlass in Europa oder Amerika nicht ungerührt und gleichgültig lassen. Zwar handelt es sich dabei um ein Problem, das weit über unser Vermögen hinausgeht, doch dürfen wir die Hände nicht einfach in den Schoß legen. Wie oft sind es Menschen mit Ausbildung und Diplomen, die hier als Arme unter Armen ausgebeutet werden und die völlig mittellos nach der Verwirklichung einer unmöglichen und oft auch gefährlichen Illusion suchen.

Nichts ist mehr so, wie es war, weder im Leben der Algerier noch im Leben der Kirche. Ist damit die „Kirche in Algerien" nach all den Jahren der Heimsuchung und Gewalt, die sie gemeinsam mit und in diesem Land durchgestanden hat, nun auch zur „Kirche von Algerien" geworden? Nach wie vor sind fast sämtliche Mitglieder der christlichen Gemeinden ausländischer Herkunft, und es gibt in ihren Reihen nur eine kleine Zahl algerischer Katholiken, die sich meist eher diskret im Hintergrund halten. Der Entschluss der Kirche jedoch, aus Solidarität im Land zu bleiben, und auch die Tatsache, dass sich ihr Blut mit dem der Algerier vermischte, haben sie noch viel stärker im Land verwurzelt. Sie ist kein „Überbleibsel aus der Kolonialzeit" mehr, sondern hat sich in den Augen vieler gewissermaßen ihr „Bürgerrecht" erworben. Damit hat eine neue Ära für sie begonnen. Um diese Neuerung gleichsam zu unterstreichen, haben die Bischöfe im Maghreb in einem Dokument mit dem Titel: *Die Kirchen des Maghreb im Jahr 2000* den Sinn der Mission neu zum Ausdruck gebracht.

Ich will daraus nur einige Passagen zitieren, die mir für die Meditation der Bischöfe an der Schwelle zum dritten Jahrtausend besonders kennzeichnend erscheinen: *„...Auch wenn der Anteil der Christen von Region zu Region unterschiedlich ist, bilden wir gleichwohl überall nur eine kleine Minderheit. Auch die Tatsache, dass die meisten von uns Ausländer sind, mahnt uns zu gewisser Zurückhaltung. Die Folge daraus ist, dass hier in den Ländern des Maghreb die persönlichen Begegnungen am Arbeitsplatz oder anderswo einen erheblichen Teil unserer Zeit in Anspruch nehmen. Dabei geht es um ganz einfache, mehr oder minder banale menschliche Beziehungen, wie sie überall üblich sind. Bei einigen dieser Beziehungen spüren wir freilich sehr wohl, dass sie einen besonderen Sinn gewinnen, weil sie uns überstei-*

gen. Sie sind anders als die übrigen. Dieser Unterschied richtet sich als Frage an uns und wir müssen versuchen, ihn zu verstehen. Begegnungen dieser Art sind oft Gegenstand unseres Austauschs, unserer Überlegungen, manchmal unserer Schwierigkeiten, aber auch unserer Freude. Im Maß der Bedeutung, die wir solchen Begegnungen in unserem Leben einräumen, werden wir an die Zeit erinnert, als Jesus in Galiläa wirkte..." Weiter unten heißt es dann: *„Unsere multinationalen Gemeinden sind ein vielsagendes Abbild der Universalkirche. Unser Dienst an kranken, alten und behinderten Menschen, unsere Arbeit zur Förderung der Frauen... wird zum Zeichen dafür, dass jede Person ein Anrecht auf gleichen Respekt und gleiche Gerechtigkeit hat. Selbstverständlich sind wir in all diesen Bereichen nicht allein tätig, und oftmals sind wir selbst es, die von unseren maghrebinischen Partnern etwas empfangen. Daran wird zum einen deutlich, dass Pluralismus in unseren Gesellschaften möglich ist, und zum anderen, dass sich durch solche Formen des Austauschs bereits eine gemeinsame Zukunft abzeichnet als Zeichen einer Einheit, die uns alle übersteigt. Anlässlich unseres Ad-Limina-Besuchs 1986 in Rom sagte Papst Johannes Paul II. uns beim gemeinsamen Essen sinngemäß Folgendes: ‚Ihr durchlebt im Grunde das, was das Konzil von der Kirche sagt: Sie ist Sakrament, also ein Zeichen, und von einem Zeichen sollte man nicht verlangen, dass es Zahlen produziert.'"*[8]

Damit sind wir auf den Kern unserer Berufung verwiesen. Wir Christen machen gewissermaßen die gleiche Erfahrung wie Jesus selbst, als er Nazaret verließ und nach Kafarnaum ging, wo sich damals die Wege der Völker kreuzten. Ohne es zu wollen haben auch wir das Schattendasein von Nazaret verlassen und versuchen unsere ersten Schritte in einer Lebensweise, die sich stärker an dem Jesus orientiert, der durch Galiläa zog und die Begegnung mit den Seinen suchte. Dies ist nicht die Zeit für Massenkundgebungen, sondern für

8 *Im* erwähnten Dokument S. 17 bzw.19

erste Annäherungen, die Zeit für Beziehungen, die zwar am hellen Tag geknüpft werden, die aber bescheiden und diskret bleiben. Unser Platz ist gewiss nicht die große Öffentlichkeit! Aber unsere Präsenz und unser Engagement haben eine neue Dimension der Nähe gewonnen. Wir verfügen ja kaum über Möglichkeiten, uns innerhalb der staatlichen Strukturen einzubringen, aber Seite an Seite und in Partnerschaft mit unseren algerischen Freunden engagieren wir uns nach Möglichkeit in Gruppen und Vereinen und erschließen uns damit neue Tätigkeitsfelder. Eine solche Kirche „begleitet" das Volk mit allem, was sie ist und hat, einschließlich der „Differenz", die sie in die muslimische Gesellschaft einbringt. Und sie tut es weder überheblich noch blind. Wir wissen sehr wohl, dass wir manchmal auch stören! Bezeichnend oft kommen in unseren Gesprächen die Worte „Begleitung", „Gastfreundschaft", „Kameradschaft" vor. All das gehört mit zu unserer Alltagsrealität, wenngleich die Zahl der Algerier, die in unsere Reihen überwechseln möchten, wahrlich verschwindend klein ist.

Das Gesicht unserer Kirche hat sich inzwischen auch dadurch erheblich gewandelt, dass eine neue, internationalere und farbigere Generation von Ordensleuten und Laien im Begriff ist, die Vorgänger abzulösen. Afrikanische Studenten, Migranten, Arbeiter aus nichtwestlichen Ländern kommen zu unseren Zusammenkünften und Feiern. Auch bei ihren Mitarbeitern wird die Kirche zunehmend multinational, auch wenn sie immer noch stark von ihren französischen und abendländischen Wurzeln geprägt ist. Noch hat sie einen weiten Weg vor sich zu mehr Universalität. Die neue Generation rüttelt – erfreulicherweise – am Altgewohnten in der Kirche, auch an liturgischen Ausdrucksformen und selbst an ihrer Art des Missionierens. Wir verdanken der neuen Generation aber auch neue Formen des Engagements und neue Fragestellungen. Im heutigen Algerien zu leben und zu wirken bleibt eine echte Herausforderung für alle Personen, die sich uns anschließen möchten.

Neuerdings wird ein weiteres Phänomen zur Anfrage an das Selbstverständnis der Kirche, nämlich das Auftreten von evangelikalen Gruppen, vorwiegend aber nicht nur in der Kabylei. Sie sind hinreichend viele, sodass weder die katholische Kirche noch das Land gleichgültig zusehen können, wie sie die Landschaften für beide aus dem Gleichgewicht bringen. Wir werden indessen von Herzen unserer Berufung treu bleiben, die uns zum Mitmenschen hinführt, um mit ihm gemeinsam ein menschliches Abenteuer zu leben in einer Liebe, die keine Grenzen setzen will und niemanden zu vereinnahmen sucht.

Um unsere Bereitschaft zum Übergang in eine neue Epoche klar zu bekunden, trafen wir uns im September 2004 zu einer überdiözesanen Versammlung von Laien, Ordensleuten, Priestern und Bischöfen. Bei diesem Treffen war die Vielfalt der im Lande tätigen Berufungen gut repräsentiert. Es wirkte wie ein frischer Windstoß im Leben unserer Kirche und brachte neuen Schwung. Solcher Schwung mag auch manches durcheinanderwirbeln und unbequem sein, aber er braucht auf Dauer Unterstützung, wenn sein Impuls kein Strohfeuer bleiben soll. Am Ende der Versammlung, zu der sich mehr als hundertzwanzig Personen zusammengefunden hatten, schrieben die Bischöfe in ihrer Abschlusserklärung: *„Jeder von uns, ob Bischof, Priester, Ordensfrau, Ordensmann oder Laie, muss bereit sein, sich von dem Geist aufrütteln zu lassen, der ‚weht, wo er will; du hörst sein Brausen, weißt aber nicht, woher er kommt und wohin er geht' (Joh 3,8). Insbesondere für die ständigen Mitarbeiter bedeutet dies konkret, dass sie die eigene Furcht überwinden müssen, sich auf eine neue Dynamik einzulassen und dass sie Veränderungen bei ihren Orientierungen und Aufgaben und selbst bei den Einsatzorten akzeptieren müssen. Für manche werden diese Veränderungen schmerzhaft sein, doch auch dies gehört mit zum Mysterium von Tod und Auferstehung, dessen Zeugen wir sind. Prinzipielle Offenheit für diese Entwicklungen ist weitgehend die Voraussetzung für jene Erneuerung,* *die wir von unserer Diözesanversammlung auch über die miteinander erlebte Gemeinschaft in diesen Tagen hinaus erwarten wollen."*

So liegt noch ein weites Feld vor uns, und wir können es bei Weitem noch nicht überblicken. Ich habe hier nur einige Aspekte der riesigen Baustelle angedeutet, an der wir nun arbeiten. Die Sendung der Kirche besteht aber nicht nur in der Arbeit an ihrer eigenen Erneuerung. Sofern sie daran arbeiten kann, mag sie es tun, aber sie ist nicht nur dazu ausgesandt. Die Kirche erscheint immer dort am meisten mit Christus gleichförmig, wo sie sich, um mit Pierre Claverie zu sprechen, an den „Bruchstellen" der Menschlichkeit präsent zeigt. Und zwar nicht nur an den Stellen, wo es gilt, zu geben, zu dienen, Wunden zu verbinden oder die vielen Hungernden zu speisen, sondern auch dort, wo nichts anderes zu tun bleibt, als einfach da zu sein, Hoffnung zu wecken, Tränen zu trocknen, Lebenskräfte zu stärken, Freundschaft und Gottes allumfassende Liebe zur ganzen Menschheit zu teilen.

Anhang 1

Ein Zeitungsartikel von Said Mekbel[9]: „Wie und warum?“

Seit Sonntag kreisen unsere Gedanken ständig nur um den Mord an den beiden spanischen Schwestern. Wie und weshalb nur? Wie kann jemand nur auf zwei Frauen schießen? Auf zwei Ordensfrauen, zwei Geschöpfe Gottes, die an ihrem Sonntag, ihrem Tag des Herrn, in eine Kapelle gehen, um vertrauensvoll zu ihrem Schöpfer zu beten? Warum das alles? Sollte das der Dank dafür sein, dass sie viele Jahre Menschen hier bei uns gepflegt, hier einen aus unserer Familie geheilt, dort einen aus unserer Nachbarschaft getröstet hatten... am Ende vielleicht einen von den Mördern? Wie soll man wissen, was in einen so rasenden Wahnsinn so alles mit einfließt...? Eine schöne Dankbarkeit – wohl auch dafür, dass sie hier in einem Land geblieben sind, aus dem wir Algerier vor lauter Terror und Ratlosigkeit inzwischen selbst davonlaufen! Zwei Frauen wollten zu ihrem Gott gehen und ihn um seine Gnade bitten. Mag sein, dass unter ihren bescheidenen Bitten auch solche für uns arme Algerier waren, die wir diesen Fluch über uns ergehen lassen müssen. Und wer weiß, ob uns die letzten Bitten der beiden Schwestern auf der Waagschale von Frieden und Barmherzigkeit nicht noch lange fehlen werden? Wie viel Dunkel kommt da über uns, und wir träumen doch immer nur vom Licht!

Le Matin, 27. Oktober 1994

---

9 Der algerische Journalist der Tageszeitung *Le Matin* Said Mekbel war bekannt durch seine Kurzartikel, in denen er die leidvollen Ereignisse kommentierte, die das Land durchlebte. Er wurde im Dezember 1994, kurz nach Erscheinen dieser Stellungnahme für die Schwestern von Bab El-Oued selbst ermordet.

Anhang 2

Eine christliche Meditation über Versöhnung und Vergebung

Zur Stunde, da das algerische Volk aufgerufen ist, sich zum Projekt einer nationalen Charta auszusprechen, will auch die katholische Kirche von Algerien ihr Engagement für Frieden und Versöhnung erneut bekräftigen. Sie hat ja die schweren Jahre, die das algerische Volk durchstehen musste, gemeinsam mit diesem Volk erlebt.

Zwischen den Frauen und Männern, die sich der Gewalt entgegenstellten oder die ihr zum Opfer fielen, ist ein festes Band geschwisterlicher Solidarität entstanden, oft genug auch deshalb, weil sie sich einer Instrumentalisierung der Religion widersetzten. Unter ihnen wollen wir die vielen Imame nicht vergessen, die ihren Einsatz mit dem Leben bezahlt haben.

Zusammen mit unseren muslimischen Freunden teilen wir den Glauben an den Gott, der selbst die Barmherzigkeit ist. Der Glaube drängt uns, stets darauf zu achten, dass der Versöhnungsweg bis hin zum persönlichen Ja zur Vergebung führt. Vergebung ist ein höchst anspruchsvoller personaler Akt, der Zeit benötigt. Damit Vergebung ihre Wirksamkeit voll entfalten kann, müssen die Angreifer ihre Fehler einsehen und das Angebot der Vergebung auch selbst annehmen. Dieser Weg geht viel weiter als alles, was ein Gesetz vorzuschreiben vermag. Kein Gesetz kann Vergebung erzwingen, aber Vergebung kann andererseits auch die Justiz nicht ersetzen. Das Volk wartet aber darauf, dass sich eine neue Hoffnung auftut.

Ein Jünger des Evangeliums wird immer hinhören und meditieren müssen, welche Konsequenz sich aus dem Wort Jesu für ihn selbst ergibt: „Liebt eure Feinde und betet für die, die euch verfolgen, damit ihr Söhne eures Vaters im Himmel werdet... Wenn ihr nämlich nur eure Brüder liebt, was tut ihr damit Besonderes? Tun das nicht auch die Heiden?" (Mt 5,44-48).

Die Gläubigen haben die Pflicht, ihrer bürgerlichen Verantwortung nachzukommen; die Kirche ist überzeugt, dass ihre Mitglieder mit algerischer Staatsangehörigkeit die an sie gerichteten Fragen gewissenhaft beantworten werden.

Wir bitten, Gott möge den Bewohnern dieses Landes die Kraft geben, auf dem nun beschrittenen Weg der Versöhnung voranzugehen, auf dem Weg der Wahrheit, der Gerechtigkeit und der Vergebung!

8. September 2005

II

Auf dem Pilgerweg zum anderen

In unserer Kirche im muslimischen Umfeld und erst recht hier in der Sahara stellen Außenstehende uns Amtsträgern oft die Frage: „Was macht ihr eigentlich in diesem Land? Ihr habt keine Christen und somit keine Gottesdienstgemeinden, es gibt weder Bekehrungen noch Taufen noch Katechese..." Demnach wäre alles nur vergebliche Liebesmühe! Manche geben den Priestern und Ordensfrauen obendrein zu verstehen, dass „sie nur ihre Zeit verlieren", weil „die Leute hier sowieso niemals ihre Religion wechseln werden" und es anderswo doch wahrlich genug zu tun gäbe, wofür es aber an Priestern fehlt! Meistens folgen dann noch ein paar andere Einwände gegen unsere Präsenz, als hätte die Kirche nicht den Auftrag, in allen Lebenssituationen und für die ganze Menschheit da zu sein! Muslime haben ebenso ein Recht auf unsere Präsenz wie alle anderen Personen, ob Christen oder Nichtchristen. Im Übrigen ist die herzliche Gastfreundschaft, mit der sie uns aufnehmen – wenn auch sicherlich nicht alle in gleichem Maß –, das Zeichen für eine Freundschaft, an der sowohl sie als auch wir selbst mit Nachdruck festhalten wollen. Denn wir brauchen uns alle gegenseitig.

Einmal besuchte uns ein hoher Würdenträger aus Rom und machte von der Hauptstadt einen Abstecher in den Süden. Am Abend – mit eingeladen zum gemeinsamen Essen –, war es eine ganz neue Erfahrung für ihn, im schwarzen Anzug beim Couscous am Boden zu sitzen, aber er ließ sich gern auf eine solche Gymnastik ein. Die Stimmung war ziemlich locker, und wir hatten einen fröhlichen

Abend miteinander, an dessen Ende er unter vier Augen meinte: „Offenbar leben Sie hier ja ganz lustig und munter! Das hätte ich so gar nicht erwartet!" Ähnlich geht es vielen, die keine Ahnung haben von unserem Leben und von dem, was ein Leben auch in dieser eher untypischen Situation sinnvoll machen kann. Man meint oft, wir müssten uns in unseren vier Wänden doch schrecklich langweilen, dabei gleichen unsere Häuser in Wirklichkeit viel eher dem ständigen Kommen und Gehen in einer Karawanserei als dem Leben in einem Kloster oder sonst einer geschlossenen Einrichtung.

Derlei Anfragen, wie man sie uns durchaus innerkirchlich und da wiederum selbst aus höheren Kreisen entgegenhält, sind wohl aus der Tatsache zu erklären, dass wir keine oder nur wenig pastorale Arbeit im engeren und „traditionellen" Sinn verrichten. Muss da eine Kirche nicht geradezu zwangsläufig in die Gefahr geraten, es sich immer mehr in „Bereichen des bloßen Ritenvollzugs" bequem zu machen? In der Tat gibt es bei uns keine feierlichen Hochämter mit großen Festgemeinden und auch keine Tauf- und Trauungsvorbereitungen, und nicht einmal Katechese! Jedes Mal, wenn wir den römischen Kongregationen unsere Jahresstatistik zurücksenden sollen, komme ich leicht in Verlegenheit, weil ich gar keine Zahlen über Gottesdienstteilnahme, Taufen, Trauungen, Firmungen usw. einzutragen habe. Nein, wir haben kein Priesterseminar und auch kein Internat, weder Schulen noch Krankenhäuser ... Ja, was haben wir denn überhaupt? Außerordentlich viel haben wir: Eine Präsenz mit leeren Händen, ganz ohne Statistiken oder Register, ganz ohne Komplexe oder krankhafte Frustration! Und dennoch kann ich behaupten, dass unser Leben reich gefüllt und auch erfüllend für uns ist, auch wenn es jeder Statistik spottet!

Diese Lebensweise in völlig uneigennütziger Präsenz ist nicht das Ergebnis apostolischer Taktik oder strategischer Planung, um andere zu umgarnen und gewissermaßen zur Bekehrung zum Christentum zu bewegen. Manche haben für unsere Art der Präsenz den Begriff „Prä-Evangelisierung" verwendet. Ich halte ihn für unangemessen, denn wir evangelisieren durchaus in gewisser Weise! Das Ausbleiben greifbarer und zählbarer Ergebnisse darf uns nicht von unserer ureigenen Berufung abhalten, Gottes Liebesgeschenk an die gesamte Menschheit sichtbar zu machen, so wie ich es auch am Ende des vorigen Kapitels schon andeutete.

Auch von Seiten mancher Muslime kommen derartige Anfragen: Versteckt sich hinter der Hartnäckigkeit, mit der wir unbedingt eine Kirche „für sie, durch sie und mitten unter ihnen" sein wollen, nicht letztlich doch nur eine zweifelhafte missionarische Taktik? Ähnliches wird uns immer wieder von der Presse vorgehalten. Was mag sich wohl hinter den Absichten dieser Christen verbergen, die unbedingt unter Muslimen leben wollen? Wir müssen es aushalten und akzeptieren, dass nicht alle uns verstehen. Die gegenwärtige Zunahme evangelikaler Gruppierungen macht uns allerdings unsere Präsenz nicht gerade leichter, denn oft genug gerät unsere Kirche dadurch in den Verdacht, „eine neue Evangelisierungskampagne" unterstützen zu wollen. Wir müssen uns mit diesen Gruppierungen auseinandersetzen und unser eigenes Profil dabei noch deutlicher sichtbar machen... Wir müssen eine Art des Dialogs aufnehmen mit Christen, die sich sehr stark von uns unterscheiden, ohne jedoch infrage zu stellen, was uns selbst zu leben aufgetragen ist.

Unserer ureigenen Berufung gemäß leben wir ganz bewusst in demütiger Treue zum Evangelium und im größtmöglichen Respekt vor dem Islam und den muslimischen Gläubigen, die uns aufnehmen, vielleicht aber auch zurückweisen!

Diese Treue zeigt sich vor allem in unseren Begegnungen und Beziehungen, und die Geschichte – unsere Geschichte – spricht da durchaus für sich. Wir brauchen dabei keinerlei Anspruch auf Originalität zu erheben, denn darin liegt doch vorrangig und wesentlich die Mission der Kirche überhaupt: Wir sollen hinausgehen zu den Frauen und Männern unserer Zeit und ihnen durch unser gesamtes Leben aufzeigen, dass wir alle einander als Schwestern und Brüder anerkennen, als von Gott unendlich Geliebte, als Mitglieder einer großen Menschheitsfamilie ohne Ansehen von Rasse, Hautfarbe, Kultur oder auch Religion. Darin, so scheint mir, liegt die großartigste Botschaft, die Christus uns als Erbe anvertraut hat, eine Botschaft, die jeder Christ in allen Lebenslagen und in sämtlichen Ländern dieser Erde umzusetzen vermag. Noch bei gefesselten Händen und geknebeltem Mund ist darin der eigentliche und letzte Sinn jeder am Evangelium orientierten Berufung zu sehen. Und keiner kennt letztlich die Namen der zahllosen Menschen, die dies auch tatsächlich so gelebt haben oder ohne viel Aufhebens noch heute leben.

Als ich einst im Seminar zum ersten Mal meinem Spiritual die Absicht eröffnete, Missionar werden zu wollen, meinte der spontan: „Dann, mein Lieber, brauchst du eine anpassungsfähige Spiritualität!" Ich habe nicht gleich verstanden, was er damit meinte, er hätte es aber kaum treffender formulieren können: Wenn wir den lebendigen Jesus nicht in unserem Herzen mitnehmen, gerät unsere christliche Berufung bald wie eine Palme ohne Wasser in Gefahr, im Sand zu verkümmern! Es wirkt vielleicht etwas anmaßend, Jesus selbst zum Ausgangspunkt zu nehmen und uns immer gleich auf ihn zu berufen, denn wir können ja nicht beanspruchen, wir hätten eine direkte Leitung zu ihm oder zum Heiligen Geist! Jesus und sein Geist übersteigen uns, sie sind uns immer voraus, überraschen uns immer wieder, und niemand kann hier ein Monopol für sich beanspruchen, auch die Christen nicht.

Als junger Seminarist meinte ich einmal in einem Gespräch mit meinem damaligen Pfarrer: „In dieser oder jener Situation hätte Jesus vielleicht dies oder das getan..." Er unterbrach mich und sagte: „Jesus, Jesus... der war ja auch nicht Pfarrer!" Wohl eine ganz treffende Antwort, auch wenn sie mich nicht restlos überzeugte.

Bei Jesus also müssen wir ansetzen, bei seiner Erfahrung, bei dem Erbe, das er uns anvertraut hat und das wir allzu gern auf sich beruhen lassen, um niemanden zu stören! Dabei konnte er selbst sehr kräftig stören! Wir wollen einmal einen Blick auf seine Erfahrungen richten, ohne ihn vereinnahmen oder manipulieren zu wollen. Wenn ich im Folgenden den Sinn unserer Existenz vom Evangelium her deute, tue ich dies natürlich nur unter einem von mehreren möglichen Blickwinkeln, und manche mögen ihn für anfechtbar halten. Aber wer wollte behaupten, er könne das ganze Evangelium insgesamt erfassen und leben? Auch andere müssen sich jeweils aus ihrem eigenen Lebenskontext heraus von ihm inspirieren lassen!

Jesus, ein Mensch der Begegnung

Ziehen wir also mit Jesus durch die Wege von Galiläa. Mehr als jeder andere ist er ein „Mensch der Begegnung und der Beziehung". Der Gott, dem wir unser ganzes Leben anvertraut haben, ist selbst wesenhaft Beziehung, ist sich mitteilende Liebe. Sprachlich bringen wir dies mit einer theologischen Vision zum Ausdruck, die sich erst im Lauf der Zeit herausbilden musste, nämlich mit dem Begriff „Dreifaltigkeit", den weder Jesus selbst noch seine Apostel je verwendet haben. Ihnen ging es ja mehr darum, uns Gott zu zeigen, statt ihn zu definieren. Für uns aber, wie für jeden Christen, ist der Glaube an den einen und zugleich dreifaltigen Gott ein kostbares Gut!

Diesen Gott hat uns Jesus in erster Linie durch sein Leben gezeigt und nicht so sehr als eine zu glaubende und zu verkündigende Wahrheit geoffenbart, noch als eine zu befolgende Moral, sondern als eine Erfahrung, die man selbst machen muss. „Gott ist Erfahrung", sagte der Schweizer Priester Maurice Zundel, der mit seinen sehr gewagten Auffassungen von Gott und vom Menschen selbst zu einer Art Wanderprediger wurde. Gotteserkenntnis und Gottesglaube sind nicht das Ergebnis einer verstandesmäßigen Deduktion, sondern gehören immer in einen Lebenszusammenhang. Johannes schreibt in einem Brief an die ersten Christen: *„Jeder, der liebt, stammt von Gott und erkennt Gott"* (1 Joh 4,7). Viele meinen, ihn zu kennen und kennen ihn nicht, viele kennen ihn, aber sie wissen es gar nicht! Die wahre Erkenntnis entspringt einer bestimmten Art und Weise des Liebens. Die Christen dürfen daher nicht allein für sich den Anspruch erheben, Gott zu kennen, denn sie lieben ihn nicht als einzige.

Aber kehren wir zurück zu Jesus auf seinen Wegen durch Palästina zu Beginn seines öffentlichen Lebens. Was tat er nun? Begann er zu taufen? Allem Anschein nach taufte Jesus nicht selber. Nur im Johannesevangelium finden wir den Hinweis auf eine Tauftätigkeit: *„Darauf ging Jesus mit seinen Jüngern nach Judäa. Dort hielt er sich mit ihnen auf und taufte"* (Joh 3,22). Aber im selben Evangelium präzisiert Johannes kurz darauf: *„Allerdings taufte nicht Jesus selbst, sondern seine Jünger"* (Joh 4,2). Es handelt sich dabei also nicht um eine vorrangige Aktivität im Rahmen seiner Sendung und seines Lebens. Ihm ging es vor allem darum, die „Frohe Botschaft vom Reich Gottes" zu verkünden. Und da sind wir beim Kern seiner „Mission".

Worin manifestierte sich diese Mission? Durch welche Gesten verkündete er die „Frohe Botschaft"? Wie ließ er etwas von diesem „Reich Gottes" aufscheinen, zu dessen Offenbarung er gekommen war? Der Begriff vom „Reich" selbst hatte ja etwas Rätselhaftes und ist unter den Vorzeichen unseres modernen Denkens heute noch schwerer zu vermitteln. Auch Jesus erklärte ihn nie, sondern beschrieb das Reich anhand seiner Zeichen, Wirkungen und Erscheinungsweisen. Auch wir sollten hier nicht so sehr nach einer wissenschaftlich sauberen Definition suchen, sondern mehr auf ihn selber schauen. In ihm ist das Reich inkarniert, er selber ist dieses Reich, mit anderen Worten eine radikal neue Art und Weise, mit Gott und den Mitmenschen in Beziehung zu treten! Und wir dürfen uns heute glücklich schätzen, auf unseren bescheidenen Lebenswegen unsererseits in seine Spuren zu treten, damit auch andere etwas von diesem „Reich" spüren, von dem er uns damals eine Vorahnung gab. Das geschieht innerhalb eines lebendigen und stimmigen Bezugs zu Gott und zum Mitmenschen, vor allem zum Einfachsten, Geringsten, Entferntesten und ohne Anspruch auf „Besserwissen".

Begegnung mit den Seinen

Nach langen Jahren des verborgenen Lebens in Nazaret verließ Jesus sein Heimatdorf. Eines Tages trat er heraus aus dem Schatten, um den Frauen und Männern seiner Zeit zu begegnen. In der Synagoge des Dorfes, wo er aufgewachsen war, kündigte er kühn vor allen Leuten den Sinn seines künftigen Lebens an: *„Der Geist des Herrn ruht auf mir... Er hat mich gesandt, damit ich den Armen eine gute Nachricht bringe; damit ich den Gefangenen die Entlassung verkünde und den Blinden das Augenlicht; damit ich die Zerschlagenen in Freiheit setze..."* (Lk 4,18).

Da nun, wie er selbst sagte, „kein Prophet in seiner Heimat anerkannt wird", jagte man ihn fort, wie es in wohletablierten und alteingefahrenen Verhältnissen mit jedem „Störenfried" geschieht. Für wen hält er sich eigentlich, dieser Zimmermannssohn ohne religiöse Lehramtsbefähigung oder ein Diplom, der es wagt, uns hier Lektionen zu erteilen? War die Ablehnung vielleicht der Grund für seinen Entschluss, woanders hinzugehen? Die ihm am nächsten standen, hatten sich seiner Botschaft verschlossen: Sie meinten, ihn in jeder

Hinsicht genügend zu kennen! In der Tat ist es immer schwer, sich von Rollendefinitionen frei zu machen, in die uns die Gesellschaft eingeschlossen hat.

In einer unserer Gemeinden trafen wir regelmäßig auch mit dem „Dorftrottel" zusammen. Außer Hauses verhielt er sich immer völlig unberechenbar, aber nie gewalttätig. Ab und zu kam er auf eine Tasse Kaffee oder ein Glas Wasser zu uns herein, und dann konnte man sich eine Zeit lang ganz ruhig und vernünftig mit ihm über seine Kinder und über sein Leben unterhalten; seine Frau hatte ihn verlassen. Kaum war er wieder draußen, kehrte er selbst in unserem Beisein wieder in seine Rolle als „Mahboul", als Verrückter, zurück: Als der war er viel zu sehr bekannt, als dass er seine Rolle von sich aus hätte verändern können!

Zurückgewiesen und missverstanden von den Leuten aus seiner nahen Umgebung, entschloss sich Jesus, Nazaret zu verlassen. Vor seinem Abschied hatte er freilich bereits eine lange Lehrzeit an der großen Universität des Lebens absolviert! Dreißig Jahre lang hatte er gelernt, Mensch zu sein. Er war aufgewachsen wie seine Altersgenossen und hatte am Unterricht in der Synagoge seines Dorfes teilgenommen. Alles, was mit Leben, Tod, Liebe, Freundschaft, Leid zu tun hatte, hatte er in sich aufgesogen. Er hatte sein Handwerk ausgeübt, hatte sich die Hände schmutzig gemacht und unter Schweiß sein tägliches Brot verdient.

Ich stelle mir gern vor, wie er in Josef das Vorbild eines nicht ganz alltäglichen Vaters entdeckt hatte. Wie sonst hätte er später sagen können: *„Wenn ihr betet, dann sprecht ‚Abba', Vater!"* – „Papa" also! Hätte er das denn sagen können, wenn er ein schlechtes Verhältnis zu Josef gehabt hätte? Wer weiß? Wie viele Frauen und Männer können Gott einfach deshalb nicht als „Vater" ansprechen, weil das in ihrer Kindheit eingeprägte Vaterbild eine gescheiterte oder unerträgliche Beziehung widerspiegelt! Von daher ist es alles andere als selbstverständlich, Gott als „Vater" zu bezeichnen. Aber genau so redete Jesus seinen Gott an!

In der „Universität des Lebens" von Nazaret hatte er Gelegenheit, die Leute zu beobachten und ihnen zuzuhören, allerdings wird während dieser langen Zeitspanne noch nichts von einer eigenen Predigertätigkeit ersichtlich. Kein Wort ist von ihm überliefert, ausgenommen bei seiner Eskapade als Jugendlicher in Jerusalem in jener rätselhaften Erwiderung gegenüber seinen besorgten Eltern: *„Wusstet ihr nicht, dass ich in dem sein muss, was meinem Vater gehört?"* (Lk 2,49). Damals war er zwölf Jahre alt, gerade im Begriff, erwachsen zu werden und somit auch seine Beziehung zu Josef zu verändern. Er ließ durchblicken, dass er noch einen „anderen Vater" hat! – Ist es vielleicht das, was Freud mit dem Begriff „Vatermord" meinte? Seine Eltern konnten ihn nicht verstehen, Maria so wenig wie Josef. Anschließend wurde es wieder still um ihn, er kehrte zurück in ein Leben im Verborgenen. Maria betrachtete und bewahrte alles in ihrem Herzen.

Bevor Jesus selbst zu geben und zu sprechen begann, lernte er zu empfangen und zuzuhören, indem er seine eigene Familie und die Menschen von Nazaret beobachtete, von denen – wie man meinte – nichts Gutes kommen konnte. Nazaret war auf der biblischen Landkarte damals ein völlig unbekanntes Dorf.

Vor allem aber hörte er bedingungslos auf diesen Gott hin, den er nun auch als „seinen Vater" anerkannte: *„Auch sollt ihr niemand auf Erden euren Vater nennen; denn nur einer ist euer Vater, der im Himmel"* (Mt 23,9), sollte er später einmal sagen. Auf diesen alleinigen Vater also hörte er, den er im Leben bereits hinter verschlossenen Türen oder irgendwo auf den Hügeln der Umgebung getroffen und entdeckt hatte.

Seine Prägung rührte nicht nur vom langen Anschauungsunterricht des Lebens her, sondern auch von einer inneren Nähe zur Schrift. Er studierte sie wohl als Autodidakt, aber sicherlich auch unter Anleitung irgendeines Rabbi in der Synagoge seines Dorfes. Ehe er redete und sich offenbarte, schwieg, lernte, reflektierte und betete er. Er wollte nahe bei den anderen sein, bei ihrem Alltag, ihren Sorgen und Lebensfragen. In Nazaret konnte die bisweilen so verblüffend einfache Sprache seiner Gleichnisse heranreifen und „gären". Er schaute in die Natur und sah das Korn aufkeimen, sah, wie der Winzer den Weinstock beschnitt, der Hirte seine Schafe hütete, die Frau den Sauerteig knetete, die Gäste Hochzeit feierten. Aufmerksam beobachtete er alles, was das menschliche Leben anging und vor allem das Leben der einfachsten, vom Glück übersehenen Leute, und bereitete so auch schon seine unerhörte Rede der Seligpreisungen vor. Seine genaue Schriftkenntnis brachte ihn fast ständig mit den gebildeten Pharisäern und Gesetzeslehrern in Konflikt.

Auch auf Prüfungen musste er sich schon vorbereiten, denn er wusste wohl, dass er mit dem, was er einmal offenbaren würde, nur störend und provozierend wirken konnte. Er nahm schon jetzt die Rolle und das tragische Los eines Propheten auf sich, *„den Händen der Menschen ausgeliefert".* Er wusste alles über die tragischen Schicksale der Propheten, die es gewagt hatten, sich der Macht derer zu widersetzen, die sich im Besitz der Schlüssel zum Wissen und zur Erkenntnis glaubten.

Wir wissen also nichts oder kaum etwas über die langen Jahre des Reifens und der Stille in dem unbekannten Dorf Nazaret, über das verborgene Leben dieses außerordentlichen Menschen, der woanders herkam.

Vor einigen Jahren traf ich mich öfters mit Serge Michel, einem französischen Journalisten aus den Anfangszeiten einer unabhängigen algerischen Presse. Wegen einer Erkrankung hatte er sich in die Oase von Ghardaia zurückgezogen. Er stand im Ruf eines Anarchisten und Linksextremen, galt also nicht gerade als „Stützpfeiler der Kirche"! In den letzten Tagen seines Lebens hatte er aber seinen Horizont zu erweitern begonnen, er nahm sogar Kontakt zu einem Pfarrer auf. Von mir hatte er sich sogar eine Bibel ausgeliehen! Wir konnten miteinander über alles reden, über Musik und Malerei – er malte selbst Aquarelle –, über Politik, den Sinn des Lebens und auch über Glaubensprobleme. Ich spürte, wie die Fragen nach Gott und Religion ihn regelrecht verfolgten. Einmal sagte er mir in seiner sehr unverblümten Art: „Weißt du, der Jesus, dieser alte Knabe, der muss wohl von irgendwo anders stammen! Wenn sich einer in dem ganzen Mist, in dem die Gesellschaft damals steckte, traut zu sagen: ‚Ihr sollt eure Feinde lieben!' – dann sag ich dir, kann der nur woanders herkommen!" Mir war das natürlich nicht ganz neu, aber ich hütete mich, ihm das zu sagen. Ich freute mich, dass er es von sich aus entdeckt hatte!

Nun zog Jesus, von seinen eigenen Leuten mehr oder weniger verjagt, weg aus seinem Dorf. Ich versuche, mir diesen Abschied vorzustellen. Wie viele Frauen und Männer verlassen auch heute noch ihr Zuhause, Vater und Mutter, Familie und ihre vertraute Umgebung, um im Namen des Evangeliums „woanders" hinzuziehen! Ich kann mich noch an meine erste große Abreise von Zuhause erinnern: Ich fuhr damals für mehrere Jahre zum Studium nach Kanada, nachdem gerade mein Vater gestorben war. Die Trennung von der Familie und besonders von meiner Mutter war eine echte Prüfung für mich und alle in der Familie! Kurz danach schrieb sie mir: „Du weißt ja, wir haben für unser Wiedersehen noch eine ganze Ewigkeit vor uns..." Wie war es wohl bei Jesu Abschied? Der geschah wahrscheinlich in aller Stille. Ob Maria begriff, weshalb er fortging? Wie viel Glauben musste diese Frau aus Galiläa haben, die so geheimnisvoll „unter allen Frauen" als Mutter dessen auserwählt worden war, der sich später selbst immer als der „Menschensohn" bezeichnete; wie viel Vertrauen musste sie zu ihm haben, um ihn in sein so geheimnisvolles Schicksal ziehen zu lassen, dessen tragischen Ausgang sie wohl schon ahnte!

Jesus zog kreuz und quer durch Palästina. Er war aus dem Schatten getreten, weil er auf die Menschen von Galiläa zugehen und ihnen die Entdeckung mitteilen wollte, über die er selbst so lange schon meditiert hatte, eine „gute Nachricht", die Nachricht von der Nähe und der unbändigen Liebe dieses Gottes, der ihm so innig vertraut geworden war. Das konnte er einfach nicht für sich behalten.

Allem Anschein nach hatte er nicht den Ehrgeiz, über sein eigenes Volk hinauszugehen: Seine Sendung war auf die eigenen Landsleuten begrenzt, auf sie ging er zu.

Er suchte sich ein paar Jünger aus, ganz einfache, aber höchst unterschiedliche Männer, *„die er bei sich haben und die er dann aussenden wollte"* (Mk 3,14). Schon jetzt hatte er auch die Zeit im Blick, in der er selbst nicht mehr da sein würde. Er musste sein Feuer an andere weitergeben. Mit ihnen lebte er nun zusammen, denn sie sollten später seine Sendung fortführen. Die Evangelien schildern die Beziehungen zu ihnen oft als ziemlich spannungsgeladen. Die Männer zeigten sich immer wieder begriffsstutzig, glaubten nur zögerlich an seine Botschaft, lebten manchmal „wie in einem anderen Film", und manche Textstelle berichtet von Jesu Geduld und auch von seinem Überdruss: *„O du ungläubige Generation! Wie lange muss ich noch bei euch sein?"* (Mk 9,19). Es kam so weit, dass Petrus sich so aufspielte, als wäre er schon Papst, und Jesus ihn zurückpfeifen musste: *„Weg mit dir, Satan!"* (Mt 18,23) oder *„Ehe der Hahn zweimal kräht, wirst du mich dreimal verleugnen."* (Mk 14,30) Das sagt so einiges über diese erste „Jesusbande", die man besser nicht zu sehr idealisieren sollte. Das ist eine durchaus tröstliche Einsicht übrigens, weil wir selbst auch nicht besser sind; sie kann uns vor jedem Hang zum Elitären und zur Überheblichkeit bewahren!

Jesus ließ sich auch von Jüngerinnen begleiten – für einen Rabbi damals etwas unerhört Neues! Er zeigte sich Frauen gegenüber ungemein frei und unkompliziert. Ihre Anwesenheit brachte ihn offenbar nie in Verlegenheit. Am helllichten Tag traf er ungezwungen selbst mit Prostituierten zusammen. Als eine von ihnen sich erlaubte, ihm die Füße zu salben und mit dem eigenen offenen Haar abzuwischen, erklärte er seinem empörten Gastgeber: „Sie hat viel geliebt." Und vor allem: Es waren ausgerechnet Frauen, denen er als ersten die Botschaft von seiner Auferstehung anvertraute.

Als Jude wandte Jesus sich zuerst an die Juden. Er sagte, er sei *„nur zu den verlorenen Schafen des Hauses Israel"* gesandt (Mt 15,24). Aber er hielt sich gleichzeitig auch immer offen für alle anderen, selbst auf die Gefahr, von der eigenen Familie missverstanden zu werden. Er ging nicht nur auf alle zu, er wollte auch jederzeit und für alle zugänglich sein. Er wandte sich an Menschen aller Kategorien, an Pharisäer, an die „Reinen" also, und ebenso an die notorischen Sünder, an Gesetzesgelehrte wie an Dirnen, Arme, Reiche und an Zöllner – die damals als Kollaborateure für die Besatzungsmacht Steuern eintrieben – wie an „tugendhafte" Theologen, an Männer wie an Frauen. Allen setzte er sich aus. Wo er hinkam, „tat er Gutes", wie Petrus später sagte. Er heilte die Kranken, bot den Sündern Vergebung und Versöhnung an, verkündete, dass das Reich angekommen und dass für die Menschheit eine neue Zeit eröffnet sei. In seinen Kontakten ließ er sich nicht von sozialen Grenzen aufhalten. Aber nach und nach setzte er sich gefährlich weit über Grenzen hinweg!

Über Grenzen hinweg!

Er hätte sich auf die Leute aus dem eigenen religiösen Umfeld und der eigenen Synagoge beschränken können. Anfangs war das wohl auch seine Absicht. Aber dann ging er auch über religiöse Grenzen hinaus, nachdem er zuvor schon soziale Barrieren überstiegen hatte etwa zwischen Menschen aus unterschiedlichen Lebensverhältnissen oder zwischen Frauen und Männern; Barrieren solcher Art waren auch damals außerordentlich widerstandsfähig.

Er warf religiöse Tabus über den Haufen. Die Samariter hatten sich vom stolzen „auserwählten Volk" abgesondert und hatten mit der Anbetung von heidnischen Götzen den Glauben an den Gott des Bundes verunreinigt. Darauf weist Johannes in seinem Evangelium deutlich hin: *„Die Juden verkehren nämlich nicht mit den Samaritern"* (Joh 4,9). Ganz selbstverständlich aber und unverkrampft kam Jesus am Brunnen mit einer Samariterin „zweifelhaften Rufs" ins Gespräch und bat sie um etwas zu trinken. Es kam zu einem Gespräch, und am Ende erwies umgekehrt sie sich als diejenige, die ihren Durst nach dem geheimnisvollen lebendigen Wasser äußerte, das er ihr angeboten hatte. Unter seinem Blick, der niemanden verurteilt, kam ihr Privatleben ans Licht, aber auch ihr Leben als Glaubende. Die Begegnung fand ihr Ende unter den empörten Blicken seiner Begleiter: Hatte er es doch gewagt, allein mit einer Frau zu reden, dazu noch mit einer Samariterin! Diese wiederum wurde am Ende zur ersten „Apostelin" ihres Volkes, die sich zur Beglaubigung ihres Zeugnisses sogar auf die dunklen Seiten ihres eigenen Lebens berufen konnte: *„Er hat mir alles gesagt, was ich getan habe!"* (Joh 4,29) Welch unglaubliche Freiheit!

Das Land war damals von römischen Truppen besetzt. Die Lage war offenbar äußerst angespannt. Die Römer waren Invasoren und obendrein Heiden, also Unreine. Einer von ihren Offizieren kam zu Jesus mit der Bitte um Heilung seines Knechtes. Haltung und Worte dieses Mannes wirkten auf Jesus wie ein Schlag: Er brauche sich gar nicht extra zu dem Knecht hinzubemühen: *„Sprich nur ein Wort, dann wird mein Diener gesund."* (Mt 8,8) Besser als alle anderen kannten beide nämlich das Gewicht eines Wortes, das zugleich veranlasst und bewirkt, was es aussagt! Daher die Bemerkung des Meisters: *„Amen,* *das sage ich euch: Einen solchen Glauben habe ich in Israel noch bei niemand gefunden"* (Mt 8,10). War dieser Heide am Ende gläubiger als diejenigen, die den alleinigen Gott anbeteten? Wie oft fühlen auch wir uns im Leben von Frauen und Männern übertroffen, über deren rechtschaffenes Leben wir nur beschämt staunen können.

Eine weitere eindrucksvolle Begebenheit aus dieser Phase der Öffnung „über Grenzen hinaus" ist die Begegnung mit einer syrophönizischen Frau, auch sie eine „Heidin"! Jesus war unterwegs (Mk 7,24-30) und wollte eigentlich nicht aufgehalten werden. Er wollte der Menschenmenge entkommen, die ihm ständig auf den Fersen war, die ihn geradezu „auffressen" und nicht zur Ruhe kommen ließ – oft mit sehr zweifelhaften Erwartungen, wie wir sie auch heute kennen: Gierig nach dem Außergewöhnlichen und nach Sensationen... Er suchte Abstand und flüchtete sich auf heidnisches Gebiet. Dort wenigstens meinte er, Ruhe zu finden! Und nun kam da eine Frau aus der Gegend und bat ihn um die Heilung ihrer Tochter. Ganz offenbar durchkreuzte sie damit seine Absichten und seinen Wunsch, endlich einmal allein zu sein. Seine Antwort fiel streng, ja fast beleidigend aus: *„Lasst zuerst die Kinder satt werden, denn es ist nicht recht, das Brot den Kindern wegzunehmen und den Hunden vorzuwerfen."* (Mk 7,27) Heiden stellte man damals oft mit als unrein geltenden Tieren auf eine Stufe! Aber die Frau blieb hartnäckig: *„Auch für die Hunde unter dem Tisch fällt etwas von dem Brot ab, das die Kinder essen!"* (Mk 7, 28) Jesus konnte den Glauben dieser heidnischen Frau einfach nur bewundern, und er schickte sie nach Hause: Ihre Tochter war geheilt! Kurze Zeit später verteilte er dann wie zuvor schon im Land seiner Väter auch auf heidnischem Boden das wundersam vermehrte Brot. Die Horizonterweiterung dürfte auch der syrophönizischen Frau damals nicht entgangen sein: Die vom Tisch gefallenen Brotkrümel verwandelten sich in volle Körbe, die er mit der ihm nachlaufenden Menschenmenge teilte. Die heidnische Frau hatte Jesus zu seiner universalen Mission geboren. Dank dieser

Frau hatte er endgültig die unüberwindliche Grenze zwischen Juden und Heiden gesprengt.

Wir könnten diese Betrachtung über Jesus und die schrittweise und universale Ausweitung seiner Sendung noch fortsetzen. Wenn er die gute Nachricht selbst predigte und mit eigenem Mund verkündete, untermauerte er sein Wort immer auch durch ein Handeln in Übereinstimmung mit dem Gesagten. Der Sinn seiner öffentlichen Rede einst in der Synagoge von Nazaret erschloss sich erst durch seine Gesten des Befreiens, Heilens und Aufrichtens, der Achtung der Würde einer jeden Person, die ihm begegnete, Gesten, mit denen Jesus uns die Tiefe der Herzensgüte Gottes offenbarte. Seine Liebe zu allen Menschen, zu jeder einzelnen Person und besonders zu den Geschlagenen, wurde weit über die sichtbaren Grenzen seines eigenen Volkes hinaus kund.

Auf den gleichen Weg begeben sich nun auch seine Jünger. Die Mission besteht wesentlich im Zeugnis für die universale Liebe Gottes, die Jesus Christus uns offenbart hat.

Ich habe diesen roten Faden im Engagement Jesu hier deshalb deutlicher hervorgekehrt, weil auch unsere eigene Berufung als Jünger inmitten einer muslimischen Welt dieser Linie folgt. Uns ist es nicht vergönnt, Jesus Christus in öffentlichen Reden und am helllichten Tag zu offenbaren. Darin liegt eine ernsthafte Beschränkung, die wir jedoch zugleich als eine heilsame und göttliche Provokation verstehen dürfen. Unsere Welt leidet an einer Inflation der Worte! Da muss es eher unsere Sache sein, diese Liebe in besonderer, ja exklusiver Art und Weise durch unser Lebenszeugnis und konkretes Engagement im uneigennützigen Dienst am anderen zu offenbaren.

Wir lesen diese Liebe aber auch aus Zeichen für das Reich Gottes heraus, wie wir sie im Leben unserer muslimischen Freunde ausmachen. Mit Christus gleichgestaltet und in seinem Namen gehen wir auf sie zu, um Gutes zu tun, aber oft sind sie es, die uns im größtmöglichen Respekt vor dem anderen das Gesicht Christi erkennen lassen.

Vor einigen Jahren fiel der Ramadan, die Zeit des Fastens und vermehrten Betens für die Muslime, mitten in den Sommer. Seither habe ich jedes Mal bei Beginn dieses heiligen Monats unwillkürlich das Gesicht von Brahim vor Augen, eines kleinen Fellachen aus der sandigen Gegend des algerischen Souf. Im Sommer brennt dort der Sand glühend heiß wie die Sonne, und auch im Schatten ist es dann kaum noch auszuhalten, vor allem, wenn obendrein der Schirokko von Süden weht.

Ich fuhr in aller Frühe mit dem Auto von Touggourt nach El Oued[10]. Brahim seinerseits hatte sich an dem Tag entschlossen, auf dem nächstgelegenen Markt, etwa dreißig Kilometer von zu Hause entfernt, einen Esel zu kaufen. Den brauchte er für den Transport von Baumaterial zum Renovieren seines Hauses. Er hätte wohl einen günstigeren Zeitpunkt für solche Bauarbeiten wählen können, aber weil seine Söhne gerade da waren und ihn mit kräftigen Armen unterstützen konnten, hatte er sich lieber so entschieden. Also war Brahim frühmorgens schon mit einem Bustaxi zum Markt aufgebrochen. Ich kam vorbei und hielt für ein paar Minuten an, um seine Familie zu begrüßen. Sie erzählten mir von Brahims Unternehmung und dass er abends wieder zurück sein wollte. Der kurze Halt brachte mir eine Einladung zum *Ftour* ein, zum gemeinsamen Essen am Ende des Fasttags nach Sonnenuntergang.

Am Abend kehrte ich also zurück. Zur Erleichterung aller ging nach einem überaus heißen Tag die Sonne bereits unter. Als ich eintraf, sah man in weiter Ferne die hagere Silhouette von Si Brahim. Abgekämpft kam er daher und zog einen Esel hinter sich her, dessen Ohren wie Tomatenblätter bei Schirokko herunterhingen. Brahim

10 Etwa 100 km östlich von Touggourt

hatte die dreißig Kilometer fastend zu Fuß zurückgelegt. Er hatte nicht einmal seinen Esel als Reittier benutzt aus Angst, der könnte unterwegs zusammenbrechen. Sein zerfurchtes Gesicht spiegelte die Anstrengung wider, die Lippen weiß vom Salz, der Körper gebeugt unter der Last des Tages, aber er beklagte sich mit keinem Ton. Schnell besprengte er sich ein wenig mit Wasser, spülte den Mund aus, gab den Esel einem seiner Söhne und kümmerte sich dann schnell noch um mich, den er als seinen Gast zu empfangen hatte. Er wollte mir unbedingt zu trinken geben. „Du darfst doch trinken, du brauchst dich ja nicht an den Ramadan zu halten!" Ich lehnte dankend ab. „Trink, sag ich dir! Wenn du nicht für dich selbst trinken willst, dann trink eben für mich!" Das durfte ich nicht ablehnen und trank ein paar Schluck Wasser. Lachend schaute er mir zu und war so zufrieden, als würde er selbst trinken! Dann wollte er nicht mehr länger warten, denn die Sonne war untergegangen. Er ging in seinen Garten, holte eine dicke Wassermelone und gab sie mir. Jetzt war es endlich so weit, er durfte sich selbst ein wenig erfrischen, ein paar Datteln essen und etwas Buttermilch trinken, und dann ging er, um seine Waschungen und Gebete zu verrichten. Ich war tief betroffen!

„Wer euch auch nur einen Becher Wasser zu trinken gibt, weil ihr zu Christus gehört – Amen, ich sage euch: er wird nicht um seinen Lohn kommen" (Mk 9,41).

„Ich war hungrig, und ihr habt mir zu essen gegeben; ich war durstig, und ihr habt mir zu trinken gegeben" (Mt 25,35).

Ich muss zugeben, dass in diesem Fall der Buchstabe des Evangeliums noch überboten wurde. Denn wer hatte hier Hunger? Wer war denn durstig? Wer war völlig erschöpft?

Brahim, inzwischen hast du deine letzte Reise hinter dir, und ich bin sicher, der Sohn des Barmherzigen stand schon bereit, als du durch das Tor in den Garten eintratst, und sagte zu dir: „Du warst durstig und hast noch zu trinken gegeben! Du warst hungrig und hast noch zu essen gegeben! Du kehrtest heim von der Reise und hast andere noch aufgenommen! Tritt ein in die Freude deines Herrn!" Wer hat hier eigentlich den anderen „evangelisiert"?

Diese Frage stellt sich in der Tat, denn uns hält man immer wieder vor, dass wir nicht explizit „das Evangelium verkünden". Als Begründung weist man dann auf die Abschlussszene des Mattäusevangeliums, wo Jesus ruft: *„Geht zu allen Völkern, und macht alle Menschen zu meinen Jüngern"* (Mt 28,19). Dieselbe Aufforderung finden wir auch am Ende des Markusevangeliums, und die Apostelgeschichte ist dann gewissermaßen als fortschreitende Entfaltung der beiden Finale zu verstehen. Es stimmt ja, wir können nicht „bei helllichtem Tag reden" und haben kein umfangreiches Taufregister vorzuweisen: Uns fehlt ein wesentlicher Bestandteil unserer Berufung, sie ist gleichsam amputiert! Auf der anderen Seite werden wir manchmal bestaunt, als wären wir lebendige Märtyrer... Um es noch einmal zu sagen: Evangelisieren heißt etwas anderes als Reden zu halten. Evangelisieren heißt zunächst einmal, selbst zum lebendigen Wort zu werden, zu einem Wort, das Fleisch annimmt im Herzen des Menschen auf der Suche nach Geschwisterlichkeit und Liebe. Darin liegt eine Verantwortung, die uns erschrecken lässt. Das Wort allein genügt nicht. Was unsere Welt am dringendsten braucht, sind Menschen, die aus ihm heraus leben.

Im Johannesevangelium kommt das Wort „evangelisieren" nur ein einziges Mal vor! Und an dieser Stelle wird es Maria von Magdala, also einer Frau, in den Mund gelegt. Nachdem sie Jesus gesehen hatte, heißt es im Evangelium, ging sie hin, um die Jünger zu „evangelisieren", um ihnen also die gute Nachricht von der Auferstehung Jesu zu bringen. Das ganze Johannesevangelium betont, wie sehr die Liebe der Jünger auf die Ebene des Zeugnisses gehoben ist. Nachdem Jesus ihnen die Füße gewaschen hatte, vertraute er ihnen an: *„Daran werden alle erkennen, dass ihr meine Jünger seid: wenn ihr einander liebt"* (Joh 13,35). Nach Johannes ist der Jünger zunächst einmal ein Zeuge. Und auf Zeugnis beruht auch unsere eigene Mission, wie sie uns heute auf dem islamischen Boden, auf dem wir leben, aufgetragen ist. Die Früchte daraus gehören uns nicht, noch hängen sie von uns ab. Auch Jesus hat nicht nur gepredigt. Er ist Menschen begegnet, hat Kranke geheilt, hat Schwache getröstet, hat neue Hoffnung geweckt, wohin er auch kam. Er hat zwar die Jünger dazu berufen, sein Werk weiterzuführen, aber seine eigenen Begegnungen hat er meistens nicht als Gelegenheit genutzt, um neue Anhänger zu gewinnen! Da kreuzten sich Wege, und was sich danach zwischen ihm und den Menschen abspielte, davon wissen wir in den meisten Fällen nichts. Es bleibt ein Geheimnis zwischen den Herzen der Menschen und Gott. Mit Sicherheit hatte aber die Begegnung mit Jesus zur Folge, dass für diese Menschen nichts mehr so war wie vorher!

In unsere Existenz wie in jede christliche Existenz ist untrüglich ein lebendiges Evangelium hineingeschrieben, gleichsam ins Fleisch eingebrannt. Wir sind nicht Menschen, die irgendetwas nachplappern, oder Händler, die irgendein „Produkt" anpreisen, noch sind wir ein Verein oder eine internationale Gesellschaft der Freunde Jesu, sondern wir sind lebendige Zeugen des auferstandenen Christus. Und wir müssen darauf achten, dass Jesu scharfe Kritik an den Pharisäern und Gesetzeswächtern seiner Zeit nicht auch uns trifft: *„Sie reden nur, tun aber selbst nicht, was sie sagen."* (Mt 23,3)

Mission ist keine Sache von Strategie oder Taktik, sie lebt von der Uneigennützigkeit der Liebe! Die Verkündigung des Evangeliums auf öffentlichen Plätzen oder in vollen Kirchen ist uns nicht gegeben. Aber „Evangelisieren", das Evangelium mit unserem ganzen Leben „hinausschreien", um es mit einem für Charles de Foucauld teuren Ausdruck zu sagen: „Genau das macht unsere Berufung aus im Heute dieses Landes. Das Morgen gehört uns nicht."

Mission als Beziehung, Begegnung und Dialog

Jesus verließ somit Nazaret, um auf die Frauen und Männer seines Volkes zuzugehen, und er ging auf sie zu, um sie zu „zähmen", das heißt, um „Bindungen zu schaffen", um es so schön zu formulieren wie der Fuchs gegenüber dem kleinen Prinzen bei Antoine de Saint-Exupéry[11]. In Jesus offenbart sich Gott als derjenige, der eine neue Beziehung zur Menschheit knüpft. Das tut er durch menschliche Vermittlung. Von Gott gesandt und eingesetzt wollte Jesus durch sich selbst hindurch den Menschen einen Gott mit menschlichem Angesicht zeigen, einen zugänglichen Gott. Er ging auf Menschen zu, weil Gott selbst Beziehung ist. Darin liegt der ganze Sinn der Inkarnation. Indem Jesus den Frauen und Männern seiner Zeit begegnete, offenbarte er Gott. Die Dreifaltigkeit ist vor allem die Offenbarung einer liebenden Verbindung zwischen Vater, Sohn und Geist, einer Beziehung, die sich mitteilt und die auf uns überfließt.

Jesus entspricht damit letztlich dem eigenen innersten Wunsch, den anderen aufzusuchen, ein Abenteuer mit ihm zu durchleben, das auf Liebe, Freundschaft, gegenseitiger Annahme und Wahrheit beruht. Nichts anderes will sein Verhalten am Jakobsbrunnen besagen. Anhand solcher Bindungen kann die gebrochene Menschheit sich neu aufrichten. Jesus weiß, wie dringend die Frauen und Männer Versöhnung mit sich und untereinander nötig haben. Für ihn, so kann man wohl sagen, ist das einfach selbstverständlich. Weil er sich selbst geliebt weiß, will er dem anderen begegnen und ihm mitteilen, dass auch er von Gott geliebt ist, dass er einmalig und in den Augen Gottes wertvoll ist. Dafür ist Jesus bereit, sein Leben hinzugeben. Und er gibt es.

---

11 „Créer des liens", in der deutschen Übersetzung des „Kleinen Prinzen" wiedergegeben mit „sich vertraut machen" (Kapitel XXI), Anm. d. Üb.

Die Mission eines jeden Jüngers und damit auch unsere eigene Mission liegt genau in dieser Linie der Sendung Jesu. Jünger sein heißt Person in Beziehung sein. In eben diesem Sinn sind unsere Präsenz und unsere Mission im muslimischen Umfeld vor allem ausgerichtet.

Wir sind nicht in erster Linie gesandt, um neue Anhänger zu gewinnen, sondern um zu unseren Schwestern und Brüdern im Islam Bindungen gegenseitiger Freundschaft, Wertschätzung und Anerkennung zu knüpfen. Das ist es, was unsere Welt heute am dringendsten braucht. Wir müssen gegen den Strom der Geschichte schwimmen. Im Lauf der Zeit und bis zum heutigen Tag wurden Mauern des Misstrauens und Unverständnisses zwischen uns errichtet, an denen wir uns nach wie vor wund stoßen.

Als Christen wie als Muslime litten wir jahrhundertelang unter kleinkarierten Rivalitäten, unter Konkurrenz und gewaltsamen Auseinandersetzungen, unter heiligen Kriegen, Kreuzzügen, *Dschihad*, Eroberungen und Rückeroberungen, Kolonialisierung und was sonst nicht alles. All das hat tiefe und nachhaltige Auswirkungen auf unser Heute und ist keineswegs schon Vergangenheit!

In den Augen des jeweiligen Gegenübers bleiben wir, geben wir es zu, mehr oder weniger „verdächtig". Christen wie Muslime benötigen sehr viel tiefer greifend und mitten im Leben selbst einen neuen Austausch auf ganz menschlicher Ebene in gegenseitigem Respekt und Wertschätzung. Wir brauchen Beziehungen, die ehrlich und beiderseits frei von Misstrauen und Verdächtigungen sind. Noch trennt uns eine große Distanz, noch hindert uns ein Abgrund an Vorurteilen daran zueinanderzukommen. All das steckt oft noch in den Winkeln unseres Unterbewusstseins oder wird von denen, die die Macht dazu haben, für die gegenseitigen Beziehungen instrumentalisiert.

Zwischen uns besteht ein enormes Missverständnis, und über diesen Abgrund müssen wir Brücken bauen. Wir müssen uns dringend besser kennenlernen und gemeinsam die einfachsten Schritte zu tun sowohl im gewöhnlichen Alltag als auch in einer Annäherung und im Kennenlernen unserer jeweils von sehr unterschiedlichen Sensibilitäten geprägten Kulturen. Das beginnt im ganz einfachen Leben, im Alltag, durch unser gemeinsames Menschsein. Für uns Christen sind eine Muslimin und ein Muslim zunächst einmal Menschen, denen wir begegnen, und was wir mit ihnen zu teilen haben, ist das Erbe unseres Menschseins!

Ausgehend vom miteinander geteilten Menschsein müssen wir Bindungen der gegenseitigen Freundschaft, Wertschätzung und Anerkennung knüpfen. In unserer Kirche nennen wir so einen Prozess „Dialog", doch hat dieses Wort leider einen allzu intellektuellen Beiklang, so als sei der Dialog nur eine Sache von Eliten. Wenn wir es hier dennoch weiter verwenden, dürfen wir es nicht abgekoppelt verstehen vom Leben, von den Menschen, mit denen wir zusammentreffen, von den Verbindungen, die mit Personen und Gemeinschaften erst noch aufzubauen sind. Dialog setzt die Erfahrung einer echten Begegnung, einer uneigennützigen Beziehung, also die Erfahrung von Freundschaft und gegenseitiger Wertschätzung, immer schon voraus.

Das Heraustreten aus dem eigenen Binnenraum fängt in unseren eigenen Gemeinschaften, in unseren eigenen Familien, in unserer eigenen Kirche an. Dialog beginnt in der Praxis zwischen uns Glaubenden selbst, denn wie viel Intoleranz, Misstrauen, Ignoranz und Verdächtigungen gibt es auch unter uns – und zugleich wie viel Potenzial auch für Verständigung, Güte und Gastfreundschaft! Gelebter Dialog beinhaltet eine Lebensweise, die wir vorab schon unter uns Christen entfalten müssen.

Aber auch da ist es nicht immer leicht, sich einander zu verständigen und zu verstehen, denn auch die Christen selbst gehören unterschiedlichen Kulturen an, und auch zwischen uns dürfte es wohl noch einiges an Intoleranz und Ignoranz geben. Gelebter Dialog innerhalb der eigenen Glaubensgemeinschaft wird für uns zur Vorbereitung und Einübung, um dem anderen in seiner Andersartigkeit zu begegnen. Welch eine großartige Schule dafür bietet uns das Leben innerhalb einer Gemeinschaft, ganz gleich auf welcher Ebene!

An dieser Stelle möchte ich gern einen Text einschieben, den einer meiner Vorgänger im Amt, Bischof Jean-Marie Raimbaud, zum Thema Dialog verfasst hat. Er ist ein guter Kenner des Umfeldes, ein Mann mit langjähriger Erfahrung in der Präsenz und Einwurzelung in der Region Sahara, deren Sprache er ausgezeichnet beherrschte: *„Ein solcher Dialog, das vergisst man manchmal allzu leicht, ist ein ständiger Kampf. Es ist zwar kein Aufeinanderprallen mit einem K.-o.-Sieg am Ende, aber eine gewisse Gewaltsamkeit steckt durchaus darin. Indem der andere sich nämlich selbst offenbart, enthüllt er auch mich: Er deckt meine eigenen Grenzen, meine Enge, meine Intoleranz auf. Die Auseinandersetzung mit dem Anderen stört mich, stellt meine Selbstsicherheit und Selbstgefälligkeit infrage. Dialog verlangt den Mut, sich erschüttern zu lassen, den Mut zur Wahrheit, mit allem Respekt, aber auch ohne Abstriche. Dialog ist die Arena für einen Kampf in gegenseitigem Respekt. Dabei tun wir nur die ersten Schritte auf einem langen, langen Weg. Das erfordert einen langen Atem und den Glauben daran, dass die einfachen Dinge des Lebens für einen nachhaltigen Dialog den Boden bereiten. Zur echten Begegnung kommt es oft erst im Verlauf sehr vieler, scheinbar äußerst banaler Begegnungen. Aber nichts ist gering, wenn man Respekt und Liebe im Herzen hat."*[12]

Als ich beim letzten Besuch der Bischöfe aus dem Maghreb in Rom im Juni 2007 persönlich mit Papst Benedikt XVI. zusammentraf, berichtete ich ihm von der Vitalität unserer so kleinen Diözesankirche,

---

12 Jean-Marie Raimbaud, *Bulletin diocésain* (Amtsblatt der Diözese) Nr. 80/2

einer Handvoll Christen, weit zerstreut unter dreieinhalb Millionen Muslimen. Unser Gespräch war herzlich, seine Rückfragen zeugten von Sachkenntnis, und seine Haltung war offen. Sein Verhalten zeigte keinerlei Mitleid oder Herablassung, wie ich es zugegebenermaßen ein wenig befürchtet hatte. Am Ende unseres Gesprächs sagte er einfach nur: „Im Grund lebt ihr also in einem permanenten und täglichen Dialog."

Unsere Erfahrung ist geprägt von der Zerbrechlichkeit und Uneigennützigkeit der Liebe, und darüber lässt sich in keinem Register Buch führen! Wir Christen im muslimischen Land sehen darin eine Art und Weise, Jesu eigene Erfahrung weiterzuleben.

Auf solche Erfahrung kann man sich freilich nicht blindlings einlassen. Ich möchte deshalb noch zwei Haltungen etwas weiter entfalten, die sich für mich bei diesem Abenteuer der Begegnung als sehr hilfreich erwiesen haben.

Annahme des anderen in seiner Verschiedenheit

Von Anfang an ist ein bedingungsloses Akzeptieren des anderen verlangt. Echte Beziehung beruht immer auf Absichtslosigkeit und Offenheit. Sie setzt eine positive Haltung gegenüber dem Partner voraus. Der andere hat von vornherein ein Recht auf mein Wohlwollen! Soll die Begegnung auf längere Sicht fruchtbar sein, muss ich außerdem jeden mehr oder minder bewussten Versuch einer Vereinnahmung unterlassen und muss wie Jesus selbst allem Proselytismus eine Absage erteilen. Ich muss also darauf verzichten, den anderen in mein eigenes Lager herüberholen zu wollen.

Das bedeutet nicht, ich müsste jeden Wunsch begraben, der andere möge seinerseits meinen Schatz, meinen eigenen Glauben, entdecken oder sogar übernehmen. Im Gegenteil! Nur muss ich gleichzeitig zugestehen, dass mein muslimischer Partner vielleicht genau den gleichen Wunsch hegt. Das gehört zum gegenseitigen Austausch im Rahmen von Begegnung und Dialog einfach dazu. Ein Hadith – ein dem Propheten Mohammed zugeschriebenes überliefertes Wort – besagt: *„Niemand wird zum Gläubigen, wenn er nicht für seinen Nächsten das begehrt, was er auch für sich selbst ersehnt."*

Ich möchte es an einer persönlichen Erfahrung verdeutlichen. Als ich an einer Mädchenschule im südlichen Algerien unterrichtete, stand eines Tages eine Gruppe von Mädchen vor meinem Büro, alle etwa im Pubertätsalter! Die Mutigste von ihnen sagte in einem flehenden Ton zu mir: „Monsieur, sagen Sie doch bitte die Shahada auf" – das muslimische Glaubensbekenntnis also. Ich antwortete darauf, ich könne doch meinen Glauben nicht einfach aufgeben, ich sei Christ und folge dem Weg Jesu. Enttäuscht und auch ein wenig wütend entgegnete sie: „Dann müssen Sie halt im Feuer der Hölle brennen!" Da trat eine ihrer Kameradinnen vor und sagte vor allen anderen: „Na gut! Wenn Sie in der Hölle sind und ich im Himmel bei Gott – Wa l'Allah! –, dann komm ich runter zu Ihnen in die Hölle und hol Sie da raus!" Die Aufforderung der Ersten hatte mich weder verärgert noch schockiert, aber ich muss zugeben, dass mich die Ankündigung der Zweiten außerordentlich stark beeindruckt hat! Vielleicht ist für mich damit der Eintritt ins Paradies schon jetzt gesichert...

Diese Kinder wollten mir das wünschen, was ihnen selbst am kostbarsten war, nämlich den muslimischen Glauben. Ich darf durchaus den Wunsch haben, dass der andere meinen Glauben teilt, aber ich muss ihn in seinen eigenen Entscheidungen respektieren.

Der Wunsch, der andere möge an meinem Schatz teilhaben, ist das eine, etwas anderes aber ist es, wenn ich die einmal entstandene Beziehung und Freundschaft als Mittel und Köder verwende, um mein Gegenüber zu meiner eigenen Religion zu bekehren. Bekehrung ist eine Angelegenheit Gottes, ich habe mich da nicht an seine Stelle zu setzen. Gott hat uns frei geschaffen, und er selbst respektiert als Erster dieses Mysterium der menschlichen Freiheit.

Wir müssen mit reichlich Geduld gewappnet sein. Denn muslimische Partner können mitunter auf unsere Wünsche nach Begegnung und Tischgemeinschaft höchst misstrauisch reagieren. Manche werfen uns sogar vor, wir wollten den „Dialog" nur für eine „neue Evangelisierungskampagne" nutzen!

Umgekehrt meinen auch viele Christen, unsere Präsenz müsse „propädeutisch" wirken, als Vorstufe gewissermaßen für die Bekehrung zum christlichen Glauben. Es folgt häufig noch eine weitere Überlegung, die bereits nach einem Vorwurf klingt: Ihr helft ja geradezu den Muslimen dabei, noch bessere Muslime zu werden! Aber meine muslimischen Freunde haben auch mir dabei geholfen, ein besserer Christ zu sein, ohne es zu wollen: Echte Begegnung ohne jeden Hintergedanken führt uns auch selbst tiefer in unseren Glauben hinein.

Voraussetzung für solchen Dialog ist eine Beziehung auf Gegenseitigkeit. Ich kann in der Tat einen muslimischen Partner nicht zur Begegnung mit mir verpflichten, wenn er es selbst nicht wünscht. Die heute oft fast systematische Absage an einen Dialog mit dem Argument, in manchen Ländern verweigere man auch den Christen die Freiheit, hat freilich mit den Anforderungen des Evangeliums gar nichts zu tun! Es stimmt zwar, dass es für Tausende von Christen etwa in Saudi-Arabien keine freie Religionsausübung gibt, und darin liegt in der Tat eine Ungerechtigkeit, die man auch als solche benennen muss. Aber soll ich diese Ungerechtigkeit deshalb auch meinem Nachbarn aufbürden? Besteht die dem Evangelium am ehesten entsprechende Haltung nicht gerade darin, immer und immer wieder die Hand auszustrecken? Vielleicht fange ich erst dann an, wirklich ein Christ, ein Kind des Vaters im Himmel zu sein, wenn ich diese Hand – manchmal auch meine Wange! – unermüdlich auch dann noch hinhalte, wenn der andere sie immer wieder ausschlägt.

Wir müssen also unverdrossen in einer Haltung redlicher Offenheit und ohne „Hintergedanken" vorangehen, selbst, wenn man uns dafür eine gewisse Naivität vorwirft... Im Testament von Christian de Chergé kann man den folgenden erschütternden und starken Abschnitt lesen:
„Mein Tod könnte natürlich denen Recht geben, die mich allzu rasch für naiv und idealistisch gehalten haben: ‚Nun soll er doch sagen, was er davon denkt!' Aber diese sollen wissen, dass dann endlich meine quälendste Neugier gestillt sein wird: Nun werde ich, wenn es Gott gefällt, meinen Blick in den Blick Gottes, des Vaters, versenken, um so mit ihm seine Kinder im Islam zu betrachten – so, wie er sie sieht, ganz erleuchtet von der Herrlichkeit Christi, als Frucht seines Leidens, erfüllt von der Gabe des Geistes, dessen geheime Freude es immer sein wird, Gemeinschaft zu schaffen und die Ähnlichkeit wiederherzustellen, indem er mit den Unterschieden spielt."

Die Zukunft gehört Gott. Er wird aus unseren Begegnungen machen, was er will: Wenn sie aber in gegenseitiger Liebe und Respekt geschehen, ist er dann nicht immer schon gegenwärtig?

Verwurzelung im eigenen Glauben

Wer eine Brücke bauen will, muss auf beiden Ufern für sicheren Untergrund sorgen. Der Dialog dient als eine solche Brücke zur freien Begegnung mit dem jeweils anderen. Für so ein Unterfangen müssen wir alle im eigenen Glauben fest verwurzelt sein und gleichzeitig wissen, dass wir immer auch etwas vom anderen zu empfangen haben: Unser Glaube formt sich und erhält im Kontakt mit der Andersartigkeit unseres Gegenübers neue Nuancen. Auch mein eigener

Glaube hätte sicher ganz andere Ausdrucksformen angenommen, wenn ich auf Dauer unter Hindus, Animisten oder auch abendländischen Christen gelebt hätte!

Das Beste, was wir einander entgegenbringen können, ist Ehrlichkeit im Glauben und in unseren jeweiligen Überzeugungen, andernfalls werden wir nichts Solides aufbauen können und nur im Unbestimmten umhertappen! Ich kann jedenfalls bestätigen, dass eine Muslimin oder ein Muslim es sehr wohl zu schätzen wissen, wenn ihr Gegenüber den Islam ebenso respektiert wie den eigenen christlichen Glauben.

Wir sollten uns aber auch nicht allzu ernst nehmen! Unsere Verwurzelung im Glauben muss uns immer noch genügend Spielraum lassen, dass wir nicht engstirnig werden. Fundamentalisten aller Couleur und Religion liefern uns ein trauriges Bild von gefühllosen Gottespolizisten und sind obendrein schrecklich langweilig!

Ein lebendiger Dialog darf den Humor nicht ausklammern! In einer unserer Oasen in der Sahara gab es eine Kirche mit einem leeren Pfarrhaus. Wir hatten es als Dienstwohnung an eine Erdölfirma vermietet, und nun wohnte darin ein algerischer Ingenieur, der sehr gewissenhaft auch die umliegenden Gebäude mit betreute. Einmal fiel der Weihnachtstag auf einen Tag etwa eine Woche vor Mouloud, dem Fest der Geburt des Propheten Mohammed. Ich hatte in unserer Kirche mit ausländischen Arbeitern der Erdölfirmen zusammen Weihnachten gefeiert, und eine Woche später kam ich wieder, um den Neujahrstag zu feiern. Als ich die Kirche betrat, schwebte ein gewisser Duft von Weihrauch und Kerzen in der Luft. Merkwürdig! Offenbar hatte jemand in unserer Kirche gebetet, obwohl doch nur unser Ingenieur den Schlüssel hatte. Es war ein Tag nach „Mouloud". Nach unserem Gottesdienst traf ich unseren Freund und Mieter, der mich gleich beruhigte: „Nur keine Sorge, das waren nur meine kleine Familie und ich. Gestern Abend war es furchtbar kalt und die Moschee weit weg, also haben wir mit Kerzen und Weihrauchstäbchen Mouloud in der Kirche gefeiert. Die ist doch das Haus vom lieben Gott, oder? Und außerdem, so groß ist der Abstand zwischen unseren Religionen nun auch wieder nicht! Gerade mal eine Woche!"

Könnten wir solchen Humor auch in unseren Beziehungen etwas mehr pflegen, sähe die Welt sicher anders aus und ganze Mauern des Unverständnisses würden unter Riesengelächter von selbst in sich zusammenstürzen!

Verwurzelung im eigenen Glauben verlangt auch, dass ich solidarisch zu meiner eigenen Glaubensgemeinschaft stehe. Wir müssen auf christlicher wie auf muslimischer Seite fähig werden, uns auch zu den Konflikten der Vergangenheit, den im Namen der Religion verübten Gewalttaten und den vielen dunklen Seiten im Buch der Geschichte, die in den islamisch-christlichen Beziehungen so schmerzliche Spuren hinterlassen haben, zu bekennen, ohne sie je gutzuheißen. Wir müssen aus den eingefahrenen Gleisen heraustreten und diese Seiten anerkennen, ohne an sie gefesselt zu bleiben. Und wir müssen an die Zukunft glauben! Eine solche Haltung ist nicht immer leicht zu leben.

Christen und Muslime haben im Lauf der Geschichte ungeheures Leid erfahren, das kaum vernarbt ist und immer wieder neu aufbrechen kann. Deshalb tragen wir so schwer an Ereignissen wie in Ex-Jugoslawien (an Massakern im Namen einer „ethnischen Säuberung"), am Irakkrieg, am Nahostkonflikt zwischen Israel und Palästinensern. Aber wo es angebracht ist, müssen wir auch den Finger in die Wunden legen.

Wahre Freundschaft und gegenseitige Vergebung können uns für eine gemeinsame Zukunft öffnen. Dialog und Begegnung mit dem anderen sind eine ständige Aufforderung zur „gegenseitigen Bekehrung". Der Dialog, sagt Erzbischof Teissier von Algier, zielt auf *„die*

Herstellung einer wahren Gemeinschaft zwischen Personen". Und er fährt fort: *„Die erste Umkehr, zu der ein Dialog führen muss, besteht darin, dass er beide Gesprächspartner von den Vorurteilen befreit, die eine der jeweils anderen Gemeinschaft gegenüber hegt."*

Der Weg dahin mag uns reichlich lang erscheinen. Aber wie mir Christian de Chergé einmal aus tiefster Überzeugung schrieb: „Gott verlangt von uns nicht das Unmögliche: Er schenkt es uns!" Sind wir dann aber auch fähig, das Unmögliche zu empfangen und anzunehmen?

Mission und Sein

Kehren wir noch einmal zu unserer Anfangsfrage zurück, die wir immer wieder zu hören bekommen und auf die ich deshalb noch einmal etwas näher eingehen möchte: „Was macht ihr eigentlich in diesem Land?"

Die Kirche von Algerien lebt unter ständigen Erschütterungen, wird auf ihren Wegen hart bedrängt oder geradezu in ihrer Existenz bedroht. Das gilt auch weiterhin, ein Ende ist nicht abzusehen. Sie hatte auf diesem Weg in jeder Etappe scharfe Kehrtwendungen zu bewältigen, ist aber immer wieder neu aufgestanden, ohne zu zerbrechen. Sie hätte auch ganz verschwinden oder ersticken können. Ohne Überheblichkeit dürfen wir behaupten, dass sich ihren ganzen Weg entlang die erstaunliche Treue des Heiligen Geistes manifestiert hat. Wann immer sie die eine oder andere Wahl treffen musste, geschah es nur unter dem Druck einer Geschichte, in der wir Gott selbst am Werk erkennen. In aller Kürze will ich noch einmal den verschlungenen Weg im Zusammenhang mit den Ereignissen in diesem Land seit seiner Unabhängigkeit in Erinnerung rufen, den ich im ersten Kapitel schon ausführlicher geschildert habe. Bis zur

Unabhängigkeit 1962 war die Kirche hier wohlinstalliert, präsent im öffentlichen Leben und sogar mit einer gewissen Macht ausgestattet. Sie besaß Pfarreien, Schulen, Berufsschulen, Werkstätten, Krankenhäuser und Pflegezentren. Eine erhebliche Zahl ihrer Mitglieder engagierte sich schon damals in nachbarschaftlichen Beziehungen zur algerischen Bevölkerung, so etwa die Arbeiterpriester, die Gemeinschaften von Charles de Foucauld und engagierte christliche Laien. Sie hatten schon damals den Weg zu einer anderen Art von Präsenz eingeschlagen.

Seit dem Tag der Unabhängigkeit unterstützte die Kirche weiterhin ein Land, in dem es im sozialen Bereich und in der Entwicklung des Schulwesens viel zu tun gab. Sie tat dies mit dem größtmöglichen Respekt vor der Identität derer, die in ihren Zentren und Schulen Hilfen in Anspruch nahmen, denn nahezu die gesamte algerische Bevölkerung war muslimisch und wollte es auch bleiben.

Aufgrund von Entscheidungen der algerischen Regierung setzte dann plötzlich eine neue Etappe ein, von der die Kirche stark getroffen wurde: Das private Schulwesen und alles, was mit dem Gesundheitswesen zu tun hatte, wurden verstaatlicht. Damals verlor die Kirche ihre Mittel und auch ihre Sonderstellung. Viele ihrer ständigen Mitarbeiter verließen daraufhin das Land. Unter denen, die sich zum Bleiben entschlossen, fanden manche eine Beschäftigung in staatlichen Institutionen, manche wechselten in die archäologische oder prähistorische Forschung, andere öffneten ihre Häuser auch schlicht und einfach für Nachhilfeunterricht. Die Ordensschwestern engagierten sich wie zuvor in den Anlaufstellen für die Bevölkerung, öffneten nun aber auch ihre Häuser für die Arbeit mit Frauen aus der Nachbarschaft. Schon im vorigen Kapitel hatte ich angedeutet, wie sich diese Schritte geradezu als Geschenk von oben erwiesen: Sie brachten uns in der Tat viel näher an das algerische Volk, das zumeist froh darüber war, dass wir an seiner Seite blieben.

Unter dem Druck der Geschichte wurde unsere Mission damit gewissermaßen umgepolt. Sie wurde diskreter und bescheidener. Dem Anschein nach hatte die Kirche praktisch allen äußeren Einfluss verloren. Wie sich inzwischen aus größerer Distanz zeigt, erwiesen sich die Umsturzereignisse als segensreich und boten uns die Möglichkeit, die evangeliumsgemäße Erfahrung der Beziehungen viel tiefer und selbstloser zu leben. Was an Sichtbarkeit verloren ging, wurde in der Tat an Tiefe hinzugewonnen.

Vorher waren wir viel mit Organisation, Finanzen und Personalfragen beschäftigt. Diese Last war uns nun abgenommen, wir waren gewissermaßen wie befreit und damit verfügbarer. Unsere Häuser wurden offener und gastfreundlicher und ähnelten oft Karawansereien, von allen Winden durchweht. Außerdem hatten wir nun mehr Zeit, um auf die Leute zuzugehen und die Höhepunkte ihres Lebens, Feste, Freuden und Leiden mit ihnen zu teilen. Wir waren, wie ich schon sagte, von unserem Podest herabgestiegen.

Selbst in den algerischen Wirren während der finsteren Jahre des Terrorismus wahrte die Kirche ihre Nähe zu den Leuten im Dienst am Reich Gottes auch dank der vielen Beziehungen, die sie in weniger schweren Zeiten bereits geknüpft hatte. Dann wurde sie jedoch durch die brutalen Morde an neunzehn ihrer Mitglieder, die ihre treue Präsenz an der Seite des algerischen Volkes mit dem eigenen Blut bezahlen mussten, zutiefst getroffen. Aber auch die vielen anderen Opfer sowohl des Terrorismus als auch der Repression musste sie miterleben. Ihr Durchhalten in stürmischen Zeiten und das treue Festhalten an ihren Bindungen aus besseren Zeiten wurden nun zu einer grundsätzlicheren Anfrage bei vielen Freunden der christlichen Gemeinden. Bis dahin hatte man die Kirche als Fremdkörper wahrgenommen, als etwas von außen Kommendes. Die Tatsache aber, dass sie die Gefahren und Leiden der Algerier geteilt hatte, rückte sie nicht nur näher heran, sondern machte sie selbst zu einem Bestandteil dieses Volkes. Sie war nicht mehr die „Kirche in Algerien", sondern war zur „Kirche von Algerien" geworden.

Im Lauf der Zeit kam es so ohne eigenes Zutun und Wollen zu einem tiefgreifenden Wandel: Wir wurden nach und nach gewissermaßen auf der Ebene unseres Seins verändert! In modernen Gesellschaften sind wir es ja in hohem Maße gewohnt, dass man uns nur nach dem bewertet, was wir machen und produzieren! Und selbstverständlich sollen wir uns auch durch unser Handeln und unser Engagement verwirklichen! Das macht uns die nachwachsende Generation hier in Algerien mit Nachdruck und zu Recht immer wieder deutlich! Aber wir müssen zugeben, dass die Kirche derzeit, gemessen an den überall erkennbaren Nöten, nur über verschwindend geringe Mittel verfügt. Wir dürfen ja nicht einmal an eine Anstellung in einem algerischen Betrieb denken! Nur in Ausnahmefällen gibt es dafür gesetzliche Genehmigungen.

Somit zwingt uns die Bedeutungslosigkeit und Geringfügigkeit dessen, was wir „machen" können, zu der Einsicht, dass unsere Berufung im Grunde vor allem auf der Ebene einer Qualität des „Seins" und der menschlichen Beziehung liegt und weniger auf der Ebene des „Machens". Was die Leute vielfach von uns erwarten, ist „geschwisterliche Präsenz" mitten unter ihnen. Das größte Geschenk, das Gott uns durch die ganze Geschichte hindurch machen konnte, liegt in unserer Zerbrechlichkeit und unserem Kleinsein. Sie schützt uns freilich nicht vor jeder Überheblichkeit und Selbstüberschätzung. Viele Christen und selbst nahestehende Muslime sagen von uns, wir stellten eine Herausforderung für die Gesamtkirche dar. Wenn dem so ist, dann sollten wir lieber nicht versuchen, „noch eins draufzulegen"! Wie sagte noch ein etwas älterer, erst seit kurzem hier lebender Priester mit einem warnendem Unterton: Wir sollten uns auf unser Kleinsein nicht noch überheblich etwas einbilden!

Geschwisterliche Präsenz

In Eroberungen und Machtkämpfen liefern sich Christen und Muslime seit Jahrhunderten kriegerische Auseinandersetzungen. Diese Geschichte sollte man sehr wohl zur Kenntnis nehmen, um die Spannungen besser zu begreifen, die beiderseits schwer auf den Schultern unserer Gemeinschaften lasten.

Wir müssen lernen, miteinander statt nebeneinanderher zu leben. Zum Abbau gegenseitigen Misstrauens oder gar von Feindschaften müssen wir im Alltag näher zusammenleben. Nur durch das tägliche Leben, durch miteinander geteiltes Leben, durch Partnerschaft im Engagement können wir, wie schon gesagt, solche Bindungen schaffen.

Zu unserer letzten Diözesanversammlung hatte ich einen befreundeten Hochschullehrer eingeladen und ihn um eine Einführung in unsere Gespräche über die Leitlinien gebeten, die wir gemeinsam für unseren weiteren Weg beschließen wollten. Ich zitiere hier einige seiner Schlussfolgerungen:

„Mehrere Baustellen sind zu nennen, auf denen uns eine kolossale Arbeit erwartet, so etwa die Wiederherstellung von Frieden und Gerechtigkeit, die spirituelle und materielle Verbesserung der Lebensbedingungen für die Menschen, die Bewahrung der Natur und des menschlichen Lebens auf unserem Planeten.

- Die Wiederherstellung von Frieden und Gerechtigkeit ergibt sich aus unserem Glauben an einen Gott, der dem Menschen Ehre erwiesen, Würde verliehen und ihn aus allen Geschöpfen herausgehoben hat. Gott hat im Koran gesagt: *„Und wahrlich, Wir haben die Kinder Adams geehrt, sie über Land und Meer getragen und sie mit guten Dingen versorgt und ausgezeichnet, eine Auszeichnung vor jenen vielen, die Wir erschaffen haben"* (17/70). Wenn Gott uns so sehr geachtet hat, muss uns das dazu anhalten, dass wir uns auch gegenseitig respektieren, und dann verbietet sich jeder Akt, der unsere Menschenwürde beeinträchtigt...

- Die Verbesserung der menschlichen Lebensbedingungen erfordert die größtmögliche Verbreitung der materiellen und spirituellen Früchte und Errungenschaften der heutigen Zivilisation. Mohammed hat gesagt: *„Alle Menschen sind Kinder Gottes; die Ihm am nächsten stehen und die am meisten von Ihm Geliebten sind diejenigen, die Seinen Kindern am meisten zugutekommen lassen".*
- Die Bewahrung von Natur und Umwelt sowie die Sicherung des zukünftigen menschlichen Lebens auf unserem Planeten liegt in unser aller Verantwortung, weil wir die ‚Stellvertreter' Gottes auf Erden sind..."

Gewiss haben wir uns gegenseitig „viel zu sagen", aber mehr noch müssen wir tatkräftig auf dem weiten Feld der Menschlichkeit zusammenarbeiten. Solche partnerschaftlichen Verbindungen sind eine unerlässliche Voraussetzung für das Entstehen einer geschwisterlichen Atmosphäre. Gegenseitiges Vertrauen entsteht nicht aus Ideen und Konzepten – und seien es theologische –, sondern nur aus geteiltem Leben.

Ich möchte an dieser Stelle gern eine der schönsten Seiten aus dem Buch meiner persönlichen Erfahrungen aufschlagen. Vor einigen Jahren hatte ich Mohammed kennengelernt, einen jungen Agraringenieur. Wir hatten uns eng miteinander befreundet, doch dann wurde er schwer krank. Immer wieder musste er ins Krankenhaus, aber die Ärzte konnten keine genaue Diagnose stellen. Man vermutete Leberkrebs. Von Monat zu Monat verschlimmerte sich sein Zustand, doch er trug sein Leiden mit starkem Lebenswillen. Dann befiehl ihn obendrein die sogenannte Weißfleckenkrankheit Vitiligo, sodass seine Haut alle Färbung verlor. Trotzdem ging er weiter seiner Arbeit nach. Als häufiger Besucher war ich in der Familie inzwischen zu einer Art Familienfreund aufgerückt. Ich konnte kommen und gehen, wann ich wollte, und wurde immer mit offenen Armen aufgenommen. Schließlich gelang Mohammed noch die Aufnahme in einem Pariser Krankenhaus zur gründlicheren Untersuchung. Doch nach ein paar Wochen verschlechterte sich dort sein Zustand schlagartig, und er starb. Mit Gottes Hilfe und der einer befreundeten Ordensschwester gelang es ziemlich rasch, seinen Leichnam der Familie zu überstellen. Ich selbst war zu diesem Zeitpunkt am anderen Ende meiner Diözese unterwegs und konnte bei seiner Beerdigung nicht anwesend sein. Völlig niedergeschlagen wegen des Verlusts meines lieben Freundes, besuchte ich nach meiner Rückkehr die Familie. Seine Mutter, die Brüder und Schwestern nahmen mich wie einen der ihren auf. Nach einem zutiefst bewegenden Austausch über unser Leid gab die Mutter einer ihrer Töchter einen Wink. Die ging und holte eine wunderschöne weiße *Kaschabia*, ein langes Gewand, das die Mutter auf besonderen Wunsch von Mohammed noch vor dessen Abreise nach Frankreich selbst gewebt hatte. Sie zog es mir über, trat ein paar Schritte zurück und erklärte vor allen Anwesenden: *Ki n'choufek, n'chouf bnî:* „Wenn ich dich so anschaue, dann sehe ich meinen Sohn!" Die von Mohammeds Mutter aus weißer Wolle gewebte *Kaschabia* ist für mich ein starkes Symbol für Brüderlichkeit, tiefe Freundschaft und gegenseitige Gastfreundschaft. Im Stoff dieses Gewands sind unsere Existenzen ineinander verwebt, verschiedene Fäden, aber nur ein Tuch. Wir gehören ein und derselben Menschheit an. Wir sind zwar verschieden, aber dieselben Fäden halten uns zusammen. In einem einzigen Gewebe sind wir miteinander verbunden, in dem unseres Menschseins.

Zeugnis für die Liebe Gottes in unserer Geschichte

Mission basiert ihrem Wesen nach auf Liebe. Kardinal Duval hatte als Erzbischof von Algier seinen Gläubigen erklärt: „*Ich glaube an die revolutionäre Kraft der geschwisterlichen Liebe.*" Und in seiner Predigt vom 28. August 1953 sagte er: „*Geschwisterliche Liebe muss universell sein. Solange die Zuneigung sich auf die eigene Familie und wenige Nahestehende beschränkt, ist sie eines Gläubigen nicht würdig... Die Caritas schulden wir jedem Menschen, wer er auch sei. Und niemand soll behaupten, derlei Freundschaft könne es nicht geben, schon gar nicht, wenn Menschen sich nach Stand, Rasse, Sprache oder Lebensart unterscheiden. Niemand soll behaupten, um geschwisterlich lieben zu können, müssten noch Generationen oder Jahrhunderte zum gegenseitigen Kennenlernen vergehen. Dagegen erhebt schon Augustinus energisch Einspruch: Genau umgekehrt muss es sein! Auch da wieder muss man die Positionen umkehren. Augustinus sagt nämlich nicht: ‚Um zu lieben, muss man sich erst kennenlernen', sondern: ‚Um sich kennenzulernen, muss man sich erst einmal lieben: Man kann einen Menschen nicht wirklich kennen, solange man nicht in das Heiligtum seiner Freundschaft eingetreten ist.' Alle Mission gründet auf Liebe.*"

Das hatte Kardinal Duval noch vor dem Ausbruch des Algerienkriegs gesagt. Geschwisterliche Liebe ist der Schlüssel zu jedem apostolischen Leben, und das gilt umso mehr, wenn es um die Mission auf islamischem Boden geht, denn genau darauf läuft es letzten Endes und geradezu ausschließlich hinaus, wenn wir sagen: Die Mission gründet auf Liebe. Weder auf islamischem Boden noch sonstwo darf der Missionar eine neue Art von Eroberer sein. Er ist in erster Linie „Missionar der Liebe", und als ein solcher hat sich auch Bischof Claverie bei seiner Bischofsweihe präsentiert.

Diese Liebe will nicht nur an andere weitergegeben und sichtbar gemacht werden, vielmehr sollen wir sie auch unsererseits vom anderen empfangen, in dem Gottes Geist ebenfalls am Werk ist. Im Zugehen auf die Frauen und Männer seiner Zeit nahm selbst Jesus staunend wahr, dass der Geist ihm schon vorausgegangen war, und wiederholt brachte er dieses Staunen zum Ausdruck.

Der Missionar ist nicht nur einer, der Gottes Liebe offenbart, sondern auch derjenige, der einsieht, dass Gott ihm auf dem Weg zu den Menschen immer schon voraus ist. Gott ist bereits vor ihm am Werk, und oft bringt der Missionar nur zum Wachsen, was Gott zuvor ausgesät hat. Er muss daher in hohem Maße staunen und wahrnehmen können, dass Gott der eigentlich Handelnde und er selbst nur Mitarbeiter Gottes auf Erden ist. Der Islam trägt eine Vielzahl universaler Werte in sich. Zwar sind wir nicht immer willkommen, und mitunter lässt man uns das auch spüren, aber wir können bezeugen, dass zahlreiche muslimische Frauen und Männer uns vor allem für unsere Art des Seins Respekt und Gastfreundschaft entgegenbringen. Auch sie leben in authentisch liebender Beziehung zu Gott und zu den Mitmenschen. Wenn wir einander offen und ehrlich begegnen wollen, müssen wir dies zur Kenntnis nehmen und folglich auch einen Blick bekommen für die Erfahrungen, die sie mit Gott wie auch mit ihrem Nächsten machen.

Kirche für die anderen und mit den anderen

Als Volk Gottes hat die Kirche nicht sich selber zu dienen. Sie ist nicht nur in die Welt gesandt, um neue Jünger und Anhänger zu gewinnen. Selbstverständlich muss sie auch auf ihre Ausbreitung achten, um dem Gebot ihres Herrn treu zu bleiben, doch letztlich ist er es, der bekehrt.

Die Kirche hat nicht sich selber zu dienen, vielmehr dient sie dem Leben, dem Reich Gottes, und dieses Reich geht weit über die Grenzen der Kirche hinaus. Wichtig ist, dass sie überall präsent ist als Zeugin für die Liebe Gottes zur ganzen Menschheit.

Wichtig ist auch, dass sie überall präsent ist, um als Ferment der Liebe, des Respekts und der Geschwisterlichkeit unter den oft so zerstrittenen Menschen zu dienen.

Ebenso bedeutsam ist, dass sie überall dort präsent ist, wo sich Gläubige in der Vergangenheit im Namen des von ihnen angebeteten Gottes verfeindet und bekämpft haben. Und schließlich sollte sie an den Stellen präsent sein, die Pierre Claverie so treffend die „Bruchstellen der Menschheit" genannt hat.

Die „Mission der Liebe", von der wir sprachen, kann sich auf vielerlei Weise entfalten und auf je eigene Weise zeigen, dass Gottes Heilsplan jeder einzelnen Person und immer der ganzen Person gilt. Schulen, Krankenhäuser, Pflegezentren, Erziehungseinrichtungen verschiedener Art können dies allesamt zum Ausdruck bringen.

Aber es handelt sich eben nur um Mittel, und genau daran kann es mangeln. Dann bleibt nur mehr die ganze Kraft der Liebe, einer Liebe, die sich in der Schwachheit unserer leeren Hände entfaltet.

Die Kirche Algeriens sieht sich herausgefordert, das Evangelium bis an die äußersten Grenzen der Liebe zu leben.

Sie ist aus reiner Liebe zu diesem leidgeprüften Volk da, und ebenso wie die Menschen, bei denen sie Aufnahme findet, muss sie deren Unsicherheiten, aber auch Hoffnungen teilen.

Sie zeigt damit, dass sie nicht um ihrer selbst willen da ist. Sie ist da zum Dienst an einer Aufgabe, die sie übersteigt.

Viele algerische Frauen und Männer haben aufgrund dieser Treue in Freundschaft und Geschwisterlichkeit herausgefunden, dass diese Kirche auch ein wenig „ihre eigene Kirche" geworden ist, auch wenn sie deshalb nicht gleich die Absicht bekunden, selbst Jünger oder Jüngerinnen Jesu werden zu wollen.

Diese Entdeckung ist für beide Seiten bedeutsam, für die Christen wie für die Muslime, denn sie haben eine gemeinsame Berufung zu verwirklichen, ein Werk, das sie übersteigt, nämlich den Einsatz für eine Welt, in der die Liebe und die Achtung vor dem Mitmenschen jedem anderen Bemühen vorausgehen. Dazu muss man oft gegen den Strom der Geschichte oder der Meinungen schwimmen, gegen so viel menschliche Trägheit, die lähmend wirkt.

Auch heute fühlen sich Frauen und Männer guten Willens allen Stürmen und Strömungen zum Trotz selbst angesprochen und machen sich auf den Weg in eine neue Zukunft, damit die Beziehungen zwischen Christen und Muslimen zu immer geschwisterlicheren Beziehungen werden.

Auf diesem Weg ist Gott selbst am Werk und geht uns voraus.
Werden wir ihm auf diesem Weg
der Beziehung und der Nähe nachfolgen?
Er wartet dort schon auf uns.

III

Berufen zum Leben im islamischen Land

Anfänge einer Berufung

Unsere Berufung hat schon etwas Eigenartiges an sich! Beim *Ad-limina*-Besuch, zu dem die Bischöfe aus der ganzen Welt regelmäßig nach Rom reisen, stellte vor Jahren der Präsident der Bischofskonferenz des Maghreb auch den Bischof der Sahara dem damaligen Papst Johannes Paul II. vor: „Und hier ist der Bischof der Sahara!" Worauf der Heilige Vater meinte: „Aha, die Sahara. Sand und Muslime!" Mit seiner Bemerkung hatte er das Wesentliche unseres menschlichen, religiösen und geografischen Umfelds auf die kürzeste Formel gebracht. Von diesen beiden Polen – einer so beeindruckend wie der andere! – sind wir geprägt: Vom Islam und von der Wüste!

Beide haben tiefen Einfluss auf unser tägliches Leben, auf unsere christliche Berufung, auf unsere Beziehung zu Gott und zu den Menschen und auf die Art, wie wir „Kirche veranstalten". Sogar innerhalb von Algerien macht uns das Attribut „Sahara" im Namen unserer Diözese für Leute aus nördlichen Gegenden zu etwas Besonderem, denn auch dort kennen die meisten Leute unsere Region, als eher geheimnisvoll, unbekannt und wenig attraktiv gilt, gar nicht aus eigener Erfahrung. Einer meiner Mitbrüder wurde sogar von seinem Nachbarn gefragt: „Was haben Sie eigentlich ausgefressen, Père, dass man Sie in den Süden versetzt hat?" Lange Zeit war die Sahara eine Art Exil für Militärs und Beamte, und in manchen

Verwaltungsbereichen ist das auch heute noch so. Seit auch immer mehr „Nordlichter" in die Oasen übersiedeln, weil sie dort leichter Arbeit finden oder ihre Geschäfte betreiben können, ist allerdings eine gewisse Veränderung zu beobachten. Die Sahara ist inzwischen eine Art Abenteurerland, wo man sein Glück versuchen kann. Die Lebensart hier ist gastfreundlicher und ruhiger als in den städtischen Regionen des Nordens, so dass sich viele hier auch deshalb niederlassen. In der riesenhaften Region lebt man noch relativ traditionell. Gesellschaft und Familie sind einstweilen noch stabil, doch unter der Walze einer sich ausbreitenden Globalisierung ist auch diese Welt im Wandel begriffen.

Auch der Islam ist in unserer Diözese stark von der Sahara geprägt. Beide sind durch Jahrhunderte eine Verbindung eingegangen, die dem Wandel widersteht: Der Islam hatte seine Anfänge ja in der Wüste, und beide lassen sich nicht voneinander trennen. Den ursprünglichen wie auch den heutigen Islam ohne jeden Bezug zur Wüste deuten zu wollen hieße, ihn von seinen tiefsten Wurzeln zu lösen.

Ich möchte die beiden Realitäten hier nicht gleichsam „voyeuristisch" nur von außen betrachten, sondern mit den Augen von Christen, die hier vor Ort und innerhalb einer Kirche engagiert sind, die selbst von diesen beiden Komponenten geprägt ist. Ich will also lieber von dem ausgehen, was mir vier Jahrzehnte Aufenthalt unter Muslimen in der Wüste zu sagen haben, und will vor allem auf sie selbst hören. Diese Erfahrung beansprucht keine Exklusivität, aber sie ist eben meine, es sind unsere Erfahrungen, und sie wollen nichts von den Erfahrungen anderer Zeugen in Abrede stellen, die vielleicht farbenfroher oder auch düsterer ausfallen.

Erste Annäherungen

Wie und weshalb hat der Islam Eingang in mein Leben gefunden? Das ist eine lange Geschichte, die ich nicht dem Zufall zuschreiben kann. Weshalb fühlte ich mich zwar nicht verzaubert, aber doch stark angezogen vom Islam, von dieser großen Weltreligion, die unter Menschen der westlichen Welt und, so darf man wohl hinzufügen, auch unter sehr vielen Christen, heute äußerst umstritten ist, viel gescholten, karikiert und auch gefürchtet? Ich möchte auf den folgenden Seiten den Faden der ganz allmählichen Annäherung und des langsamen „Zähmungsvorgangs" neu aufgreifen. Mein Bericht enthält keine außerordentlichen Offenbarungen und erhebt keinen anderen Anspruch als den, meine „Leidenschaft" mitzuteilen, um einen Begriff zu gebrauchen, der sowohl Liebe als auch Leiden zum Ausdruck bringt.

Wenn ich an meine frühe Kindheit zurückdenke, kommt mir ein großer, kräftiger, freundlich blickender Mann vor Augen im weiten grauen Kittel und mit Baskenmütze, mit dichtem schwarzen, gezwirbelten Schnurrbart, die Haut von Wind und Wetter gegerbt, der damals mit Teppichen, bunten Stoffen, Gürteln und Pantoffeln durch unsere Normandie zog. Wir nannten ihn „José", weil er alle Frauen mit „la Marie" anredete! Meine Mutter zählte nicht zu seinen guten Kunden, denn in einem Bauernhaus brauchte man keine Teppiche, aber er bekam bei uns immer seine Tasse Kaffee, wenn auch ohne den sonst üblichen „Schuss": Bei ihm blieb die Calvadosflasche immer im Schrank, denn wir wussten, dass er nie Alkohol trank. Er war Muslim und genoss bei uns zu Hause Respekt wie jeder andere Fremde auch.

In der kleinen Nachbarstadt gab es eine Fußballmannschaft, deren beste Spieler die jungen Nordafrikaner waren, die am Stadtrand wohnten und in kleinen Betrieben Arbeit gefunden hatten. Ich schaute gern dabei zu, wie sie über den Platz stürmten. Mit ihren Dribbelkünsten weckten sie bei uns Jugendlichen Respekt und Bewunderung. Für uns waren sie die Stars, schon lange vor Zidane!

Meine beiden Brüder hatten, wie erwähnt, im Algerienkrieg gedient oder besser gesagt, ihn über sich ergehen lassen, doch hatten ihnen derlei Erfahrungen wenig Sinn für die Religionszugehörigkeit der Algerier vermittelt. Auch meine Mitstudenten im Seminar hatten, wenn sie nach mehr als zwei Jahren Militärdienst aus Algerien zurückkehrten, von Ausnahmen abgesehen, kaum etwas von einer unvoreingenommenen Begegnung mit dem Islam erlebt, eher das Gegenteil war der Fall. Für mich selbst war der Islam damals eine große Unbekannte und sollte es auch noch lange bleiben; selbst heute noch ist er für mich wie von einem großen und Ehrfurcht gebietenden Mysterium umhüllt!

Eine im Lehrplan meines Philosophiestudiums im Seminar keineswegs vorgesehene Entdeckung hatte mir damals den Horizont schlagartig für alle Zukunft erweitert: Teilhard de Chardin! Seine Bücher waren für uns verboten, ausgenommen sein *Milieu divin*, das als ungefährlich galt. Ich wollte aber über diesen außerordentlichen Mann mehr erfahren, der aus Sicht der „gesunden Lehre" so verdächtig erschien... Damals war ich zuständig für die große Seminarbibliothek, die nur Professoren zugänglich war, hatte damit Zutritt zum verbotenen Heiligtum und konnte nach Herzenslust in den Büchern lesen, die damals endlich nach und nach im Druck erscheinen durften. Mich faszinierten weniger seine wissenschaftlichen Forschungsarbeiten als sein unerhört optimistisches und mystisches Menschen- und Weltbild, dann aber auch die Art und Weise, wie er die beiden Berufungen als Forscher und Priester miteinander in Einklang gebracht hatte. Teilhard öffnete mir, der ich bis dahin einen ganz normalen Seelsorgedienst als Diözesanpriester angestrebt hatte, den Blick für meine künftige Sendung. Seine Vision von einem

Priestertum „für den Menschen, die Welt und das Universum" und seine Vorstellung von einem universalen Christus begeisterten mich gleichermaßen und hinterließen einen so tiefen Eindruck auf mich, dass ich von da an weit über die engen Grenzen meiner Heimat hinausblicken konnte. Ich fühlte mich woandershin berufen, nur wohin eigentlich?

Abbé Pierre und Père Mercier

Meinen ersten wirklich entscheidenden Schritt habe ich Abbé Pierre und dem damaligen Bischof der Sahara, Georges Mercier, zu verdanken. Im Dezember 1961 hatte ich soeben in einer französischen Kaserne meine militärische Grundausbildung hinter mir und war zu einem Kurzurlaub zu Hause. Zur gleichen Zeit waren Abbé Pierre und seine Gefährten zu einer Sammelaktion für Eisen, Papier, Lumpen und sonstigen Kram in unserer Gegend unterwegs. Am 9. Dezember hielt er einen Vortrag in der Stadthalle von Avranches im Département Manche, und Bischof Mercier, ein enger Freund von Abbé Pierre, zeigte am selben Abend einen Film über neuere Entwicklungen in der Sahara. Der Bischof hatte den Hilferuf der algerischen Jugendlichen gehört und mit dem Aufbau und der Einrichtung von Berufsförderungszentren in seinem Bistum begonnen, nicht zuletzt, damit die Algerier selbst durch bessere berufliche Ausbildung ein paar Brocken vom „Manna" Erdöl mitbekommen sollten. Damals strichen allein die großen französischen und sonstigen ausländischen Erdölgesellschaften die Gewinne ein: Wir lebten noch in einer Kolonialzeit. Zu Beginn des Abends zeigte uns Bischof Mercier also seinen Film, und ich kann mich noch gut erinnern, dass der Film beschädigt war und permanent einen schwarzen senkrechten Streifen zeigte. Das sei, so meinte der Bischof aus der Sahara, ein Zeichen für die Zerrissenheit eines von Leid und Unrecht getroffenen Volkes! Nach dem Film sprach Abbé Pierre lange zu uns, und noch heute klingen mir seine Worte mit ihrem prophetischen Unterton in den Ohren. Sinngemäß sagte er etwa Folgendes:

„Hört gut zu, was ich euch sage! Viele Länder in Afrika sind jetzt unabhängig geworden, andere stehen kurz davor. Alle diese Länder liegen weit hinter unserem Entwicklungsstand zurück, und wir werden sie immer noch weiter abhängen. Wir haben von ihren Reichtümern profitiert und damit unsere eigenen Länder immer höher entwickelt. Nun ist es unsere Pflicht und Schuldigkeit, auch ihnen zu einem menschenwürdigen und gerechten Entwicklungsstand zu verhelfen. Das ist dringend geboten. Tun wir es nicht, werden sie zu uns kommen und sich holen, was sie im eigenen Land nicht finden, und wir werden es ihnen dann nicht verweigern dürfen!"

Das sagte Abbé Pierre schon vor fünf Jahrzehnten – und geben ihm heute die tragischen Abwanderungen aus schwarzafrikanischen Ländern und die Massen der in unseren Maghreb-Ländern versammelten Migranten nicht nachträglich Recht? Der Abend machte mich erstmals ernsthaft hellhörig, aber erst ein ganz unvorhergesehener Umstand führte mich zur entscheidenden Öffnung.

Während meines Theologiestudiums in Kanada wurde ich einmal krank und musste für einige Tage auf die Krankenstation. Während dieser erzwungenen Ruhepause hielt uns ein Weißer Vater aus Tunesien einen Vortrag über den Islam und die Muslime. Seine Sicht zeugte von Ernsthaftigkeit, Tiefe und Respekt vor der Verschiedenheit des anderen. Vor kurzem erst habe ich meine Notizen von damals wiedergefunden! Sein mit ruhiger Leidenschaft vorgetragener Bericht von seinen Erfahrungen weckte sehr bald meine Neugier. Da ich von Vorlesungen befreit war, konnte ich regelmäßig zu ihm gehen und mich tiefer in den Islam einführen lassen. Ich kann durchaus sagen, dass sich bei dieser Gelegenheit meine gesamte Berufung schlagartig zu profilieren begann, nämlich als Aufbruch von den geruhsamen, aber auch etwas erstarrten Ufern meines Glaubens hin zur Begegnung mit dem anderen. Wenige Tage danach reiste mein Zimmernachbar wieder ab. Er hatte, wie mir der Regens des Seminars gestand, um seinen Austritt aus dem Orden und um Rückkehr in den Laienstand ersucht. Bald darauf kam er tragischerweise bei einem Autounfall ums Leben.

Die Episode damals erinnerte ein wenig an die Berufungsgeschichte, als Elija seinen Mantel von der Schulter nahm und ihn an Elischa übergab, ehe er in den Himmel auffuhr... Jedenfalls war für mich damit die künftige Richtung vorgegeben. Meinem Wegbegleiter für einige Tage verdanke ich diese Lebenswende, meine „Berufung zum Islam", wenn ich so sagen darf.

Erste Schritte im anderen Land

So kam es, dass ich bei der Frage, in welchen Ländern ich meine Berufung als Missionar und Priester verwirklichen wollte, hinschrieb: Tunesien oder Algerien. Im September 1970 kam ich samt meiner Citroën 2CV-Ente im Hafen von Algier an und wurde gleich zum stellvertretenden Leiter eines Berufsbildungszentrums ernannt. Meine Schüler waren Muslime, sie waren aber sicherlich weit mehr mit Ausbildung und Prüfungen beschäftigt als mit der genaueren Einhaltung der islamischen Gebote und Regeln. Auch meinerseits widmete ich dieser Dimension ihres Lebens nicht sonderlich viel Aufmerksamkeit.

Im Jahr darauf wechselte ich an das Päpstliche Institut für arabische Studien IPEA nach Rom. Dieses Institut für Studien des klassischen Arabisch und für Islamstudien trägt heute den Namen *Pontificio In-*

stituto de Studi Arabici e Islamici, PISAI. Dort war ich vor allem an den Beiträgen von Muslimen interessiert, die uns regelmäßig Vorlesungen über muslimische Geschichte, Soziologie und Theologie hielten. Eine besondere Vorliebe hatte ich auch für die Kurse über muslimische Mystik von Pater Michael Fitzgerald, dem späteren Sekretär und dann Vorsitzenden des Sekretariats für den interreligiösen Dialog und schließlich Apostolischen Nuntius in Ägypten. Das Studium der arabischen Sprache erwies sich sehr viel mühsamer als erwartet und führte uns ein in den Reichtum einer Grammatik, die mir logischer vorkam als unsere eigene französische Grammatik. Ich muss aber zugeben, dass ich beim Lernen der Deklinationen und Formen keinen sonderlichen Eifer entwickelte. Eine Krankheit zwang mich dann zu einer Unterbrechung des Studiums. Im darauffolgenden Jahr kam ich nach Algier zurück, um nun ein Jahr lang am dortigen Glycine-Sprachzentrum algerisches Arabisch zu studieren. Dabei fühlte ich mich sehr viel wohler, belegte aber gleichzeitig doch noch einen Abendkurs im literarischen Arabisch. Wir hatten kaum Kontakt mit der algerischen Bevölkerung, doch der Weg zum tieferen Kennenlernen des volkstümlichen Islam führte nun einmal zunächst über das Erlernen der Sprache.

Erst im Kontakt mit dem Alltag der Menschen wuchs mein Interesse. Mein sehnlichster Wunsch war es, in der Sahara zu leben, und das wurde auch ziemlich bald bewilligt. Im Umgang mit den Bewohnern der Sahara und ihrem Leben wurde die Anziehungskraft auf mich nur noch größer und prägte schließlich auch meine Spiritualität.

Die verschiedenen Gesichter des Islam

Ehe ich auf diese Neuausrichtung meines Lebens noch etwas näher eingehe, sollte ich noch ein paar Vorbemerkungen vorausschicken.

Islam ist ein mehrdeutiger Begriff, der eine sehr umfangreiche und breite Realität umfasst. Bis heute kommt es bei bloßer Verwendung des Begriffs zu schwerwiegenden Missverständnissen. Man braucht den Namen nur auszusprechen, und schon gehen oft die Leidenschaften hoch, kommen Karikaturen und Missverständnisse ins Spiel. Aber ist es nicht ähnlich, wenn man heute von Kirche, Christentum oder sonst einer soziokulturellen Realität religiösen oder sonstigen Charakters redet? Manche möchten die Muslime am liebsten vom Islam gesondert betrachten und ebenso die Katholiken von der Kirche und am Ende sogar die Christen vom Christentum. Allzu leicht verwechselt man zudem ein ursprüngliches Lebensideal mit dessen später entstandenen Verzerrungen. Dazu ein Zitat aus dem Testament von Christian de Chergé:

„Ich weiß, wie viel Geringschätzung man oft den Algeriern pauschal entgegenbringt. Ich kenne auch die Karikaturen vom Islam, denen ein gewisser Islamismus Vorschub leistet. Man verschafft sich aber allzu leicht dadurch ein gutes Gewissen, dass man diesen religiösen Weg mit fundamentalistischen Richtungen und mit Extremisten einfach gleichsetzt. Bei Algerien und dem Islam ist das ganz anders, sie gehören wie ein Leib und eine Seele zusammen."

Ich nähere mich dem Islam daher von vornherein als einem Lebensideal, einer bestimmten Existenzweise vor Gott und in der Gesellschaft, auch wenn ich mit diesem Ansatz möglicherweise Fehlentwicklungen, Entstellungen oder auch Zweckentfremdungen, in denen sich viele Muslime selbst nicht wiedererkennen, zunächst etwas vernachlässige. Allerdings möchte ich auch vor Irrwegen und Entstellungen die Augen nicht verschließen und mich ignorant zeigen. Leider ist es hier nur allzu üblich, die Dinge oberflächlich zu vereinfachen! Auch wir Christen haben oft darunter zu leiden, dass das Idealbild unseres Glaubens durch Fehlentwicklungen beeinträchtigt wird, in denen wir uns nicht wiederfinden! Dann besteht die Gefahr von blinder Naivität oder aber von Verzerrungen mit den einschlägigen unerfreulichen Folgen. Ich werde daher Islam und Muslime nicht auseinanderdividieren, wie ich es auch mit Christentum und Christen nicht tun werde. Wir bestehen alle aus Fleisch und Geist, aus Licht und Schatten, aus Gutem und Bösem, und wir müssen zugeben, dass zwischen unserem Lebensideal einerseits und unserer tatsächlichen Existenz als Frauen und Männer oft Abgründe bestehen.

Für einen Muslim ist der Islam der bestmögliche und zugleich der alleinige Weg zu Gott. Vor nicht allzu langer Zeit hat auch ein „Motu proprio" der Glaubenskongregation uns im Wesentlichen gesagt, die katholische Kirche sei die alleinige und wahre von Christus gewollte Kirche. Aussagen dieser Art führen jedoch nur zu Einigelungen zum Schutz der eigenen Identität. Gläubige Menschen sind aber draußen im Leben gefragt. Den echten Maurer erkennt man, wenn er anfängt zu mauern!

Ich akzeptiere also, dass ein Muslim glaubt, der Islam sei für ihn die beste Antwort auf den Ruf Gottes. Im Gegenzug erwarte ich aber auch von ihm, dass er seinerseits akzeptiert, dass für mich der christliche Glaube der beste Weg ist, um auf Gottes Ruf zu antworten. Ist so etwas Relativismus? Nein, denn ich behaupte damit keineswegs, alle Religionen seien „gleich richtig".

Was man von uns erwartet, ist, der Übereinstimmung unseres Glaubens mit seiner Umsetzung in unserem persönlichen und gemeinschaftlichen Leben konkrete Form zu geben.

Sollte man an dieser Stelle noch einmal auf das Thema „Dialog" zurückkommen? Weiter oben hatte ich schon einiges dazu und auch zu dem Terrain gesagt, auf dem wir uns bewegen. Es scheint mir daher nicht nötig, das hier zu wiederholen. Um aber weiter so nah wie möglich an der Erfahrungsebene zu bleiben, möchte ich hier ausführlicher vom *Ribât Essalâm* berichten, vom „Band des Friedens", das ich 1979 mit Christian de Chergé zusammen gegründet habe. Der *Ribât Essalâm* ist für mich vor allem eine spirituelle Erfahrung in der Geschwisterlichkeit zwischen christlichen und muslimischen Partnern im Rahmen von Kirche einerseits und des Islam andererseits, und nicht so sehr eine „Gruppe für islamisch-christlichen Dialog".

Ribât Essalâm – Band des Friedens: Erste Schritte zu einer gemeinsamen Erfahrung

Um den Sinn des *Ribât zu* verstehen, muss man auf seine Ursprünge und die Motive bei seiner Entstehung, aber auch auf die nachfolgende Entwicklung blicken.

Die Idee zur Gründung dieser kleinen Gruppe kam im Frühling 1979 auf bei einem meiner regelmäßigen Treffen mit Christian de Chergé, der damals schon einige Jahre als Mönch in der Trappistengemeinschaft in Tibhirine lebte. Ich war Lehrer in Touggourt und wohnte als Weißer Vater mit zwei Mitbrüdern zusammen, die beide eine völlig andere Art des Zugangs zum Islam vertraten als ich, mit der ich mich ganz und gar nicht abfinden konnte. Seit 1975 – ich wohnte damals in Ghardaia – hatte ich mir angewöhnt, auf meinen Hin- und Herwegen nach Algier im Kloster Tibhirine einen Halt einzulegen. Médéa lag auf meiner Strecke, also bot sich das Kloster als Etappe an für eine spirituelle Einkehr auf dem Weg in die Hauptstadt.

Seit einiger Zeit schon – Christian war mir da allerdings schon ein großes Stück voraus – hatte der Islam zunehmend mein Interesse geweckt, ausgelöst durch Erfahrungen der Gastfreundschaft und Tischgemeinschaft, die bis zur echten spirituellen Gemeinschaft mit muslimischen Freunden geführt hatten. Mit Christian tauschte ich mich regelmäßig über diese Dimension unseres Lebens aus.

Christian war seinerseits während seines Militärdienstes und des Algerienkriegs zutiefst und geradezu unauslöschlich am eigenen Leib vom Islam gezeichnet worden. Dazu war es aufgrund einer ganz besonderen Beziehung zu einem Muslim, dem Dorfpolizisten Mohammed, gekommen. Christian hatte sich mit ihm eng befreundet, sie redeten miteinander viel über das Beten und über konkrete und existentielle Themen ihres Glaubens. Diese Freundschaft hatte nach und nach eine Tiefe erreicht, wie sie nur als Geschenk Gottes möglich scheint. Mohammed rettete Christian das Leben, indem er sich in eine Schlägerei einmischte, was er kurz darauf mit dem eigenen Leben bezahlen musste. Christian konnte von da an nicht mehr vergessen, dass ein Mensch, ein Muslim, sein Leben für ihn gegeben hatte! Später hat er auch schriftlich von diesem Geschehen berichtet und von den Folgen für seine Berufung. Seine Erfahrung hatte ihm gleichsam als „Initialzündung" einen völlig anderen Zugang zum Islam und zu den Muslimen eröffnet, den er gern ungefähr so beschrieb: „Ich habe kein Recht, im Hinblick auf den Islam oder auf Muslime leichthin die Dinge zu verallgemeinern, seit ich von mir sagen kann, dass ein Muslim für mich sein Leben hingegeben hat. Vielleicht war es ein Ausnahmefall, dennoch macht mir ein derartiges Geschenk jede Verallgemeinerung für immer unmöglich!"

Wir beide – und nicht nur wir! – waren stark von der Nähe zu muslimischen Freunden geprägt, zu ganz einfachen Leuten oft, die in enger Vertrautheit zu Gott und in konkreter Liebe zu ihren Mitmenschen lebten. Gleichzeitig aber fiel es uns schwer, diese spirituelle Erfahrung im eigenen Umfeld auch mit anderen zu teilen; wir fühlten uns eher isoliert, und so manchen anderen christlichen Frauen und Männern in Algerien ging es im Übrigen ganz ähnlich.

Wie konnten wir aus dieser Isolation herauskommen, um zunächst unter uns Christen, dann aber auch zwischen Christen und Muslimen ein sichtbareres Band der Gemeinschaft zu schaffen? Nicht wenige

Christinnen und Christen lebten ja in besonderen Beziehungen auch zu muslimischen Frauen und Männern, und so suchten wir beide nach einem gemeinschaftlichen Rahmen für solche Erfahrungen.

Wir beschlossen, einige Christen, sowohl Frauen als auch Männer, mit denen wir in Verbindung standen und die uns offen schienen für einen mehr inneren Zugang, einfach darauf anzusprechen, und wir verabredeten uns zu einem Treffen in Tibhirine vom 24. bis 27. März 1979. Bei der ersten Zusammenkunft im Gästezimmer des Klosters am 25. März, dem Fest Mariä Verkündigung, waren wir sieben Personen, Christian als Mönch aus dem Kloster, eine kleine Schwester vom Herzen Jesu, eine Laiin, eine Karmelitin, eine Augustinerin, ein zweiter Weißer Vater und ich. Wir hatten skizzenhaft ein paar Punkte für die gemeinsamen Überlegungen vorbereitet. Das Treffen sollte ganz informell sein und in erster Linie dem Austausch über unsere Erfahrungen in den Beziehungen zu Muslimen dienen. Unsere Gespräche erhielten ihren Rhythmus durch die gemeinsame Teilnahme am Stundengebet der Mönche.

Meine Notizen von damals zeigen, wie sich in unseren Gesprächen schon rasch einige Fixpunkte herauskristallisierten.

Als Erstes waren wir uns alle einig, dass wir weder als Repräsentanten noch als „Delegierte" für die christlichen Gemeinschaften oder Orden sprechen konnten, aus denen wir kamen, weil man dort eine gelebte Solidarität mit dem Islam, wie wir sie uns vorstellten, weder sonderlich begrüßte noch anstrebte. Anlass für unser bescheidenes Treffen war, dass sich einzelne Christinnen und Christen aufgerufen fühlten, dem Islam und den Muslimen gegenüber eine deutlichere spirituelle Solidarität zu „riskieren". Gleichzeitig hatten wir alle dabei auch den dringenden Wunsch, einen „kirchlichen Weg" zu beschreiten und unser Projekt in einen kirchlichen Rahmen zu stellen. Wir wollten unseren Weg nicht am Rande unserer Glaubensgemeinschaft gehen, sondern ihn stärker auch in ihr selbst verankert sehen. Warum sollte ein solcher Zugang zum Islam nicht ebenso zu unserer Kirche gehören wie andere Arten des Zugangs auch? Schon durch die Zusammenkunft einiger Christinnen und Christen mit dem Wunsch, einen Schritt weiter zu gehen, hatte das Anliegen konkrete Form angenommen.

Für eine Solidarität dieser Art sollten alsdann zwei Dimensionen gelten:

Erstens die Anerkennung des Islam als eines echten spirituellen Weges für unsere muslimischen Freunde, die aus der Quelle des Koran und der muslimischen Tradition schöpften.

Zweitens der Wunsch nach Präsenz in immer größerer Aufmerksamkeit für die Muslime als glaubende Menschen, insbesondere für die „Armen und Geringen" als diejenigen, die sozusagen nicht auf ihr eigenes Wissen setzen, sondern ganz auf die demütige Unterordnung unter ihren Gott.

Diese beiden Dimensionen wollten wir besonders berücksichtigen, um nicht in einen allzu idealistischen und wirklichkeitsfernen Ansatz zu geraten. Wir wollten unsere Solidarität mit dem Islam in einer ganz realen Solidarität mit gläubigen Muslimen konkretisieren – sowohl im Lichte ihrer eigenen Tradition als auch in enger Verbindung mit unserer eigenen Kirche. In seiner Vielgestaltigkeit ist der Islam Träger einer spirituellen und mystischen Tradition, der sich Millionen von Frauen und Männern verbunden fühlen, die in ihm die innere Nähe zu Gott wie auch einen Weg zur Lebensführung und zum Aufbau einer besseren Welt finden. Diese von so vielen Gläubigen geteilte Erfahrung durften wir nicht aus dem Blick verlieren.

Wir hatten das Gefühl, gemeinsam schon ein erstes Ziel erreicht zu haben und doch noch ganz am Anfang zu stehen. Künftig würde nicht mehr jeder von uns seinen Weg der Annäherung für sich allein gehen, sondern wir waren im Begriff, uns auf eine ziemlich neuartige gemeinschaftliche Erfahrung einzulassen. Wir alle sehnten uns ja seit langem nach einer solchen Begegnung und waren bereit, uns um eine bessere Kenntnis der spirituellen Tradition des Islam zu bemühen und auch den Weg zum gemeinsamen Gebet zu suchen, sofern sich dazu die Gelegenheit bieten sollte. Ich gebe zu, dass unser Unternehmen damals in den Augen anderer Mitglieder unserer christlichen Gemeinschaft recht „abenteuerlich" und riskant erscheinen musste. Würden wir uns nicht zwangsläufig auf dem Ozean des anderen verlieren? Wir hatten natürlich keinerlei Absicht, vor den bekannten Verzerrungen des Islam die Augen zu verschließen, die Christian in seinem Testament auch deutlich genug beim Namen nennt. Aber wir wollten heraus aus der Blickverengung, mit der heute so viele Menschen die Dinge beurteilen, obgleich sie von den spirituellen Erfahrungen so vieler muslimischer Gläubigen auf der ganzen Welt keine Ahnung haben.

Anbindung an das Kloster Tibhirine

Unser erstes Treffen fand, wie gesagt, im Kloster Tibhirine statt, das uns einen spirituellen Raum bot, in dem unser Anliegen Ausdruck finden und sich entfalten konnte. Tibhirine war damals schon ein Ort der spirituellen Gastfreundschaft, offen für alle, für Christen wie Muslime, die am liturgischen Gebet der Mönche teilnehmen wollten.

Einige Tage lang war das Kloster für uns wie ein Ankerplatz, an dem wir uns, vom Gebet der Mönche getragen, über alle die Dinge austauschen konnten, die uns der Herr zu leben einlud.

Wir fragten die Mönche, ob sie unser neues Vorhaben in Gebet und Gastfreundschaft mittragen wollten. Wohl zum ersten Mal in der Klostergeschichte verließ daraufhin die gesamte Mönchsgemeinschaft die Klausur und versammelte sich im Gästeraum, um über unsere Frage zu beraten! Die Erlaubnis dafür hatte ich selbst vom damaligen Prior Jean de la Croix eingeholt, denn Christian hatte sich in diesem Punkt stark zurückgehalten, um in seiner Gemeinschaft den Eindruck zu vermeiden, der Antrag sei von seiner Seite „ferngesteuert". Aber ich kann bestätigen, dass der Vorschlag nicht von ihm kam! Die Zusammenkunft verlief in einer friedvollen Atmosphäre des Zuhörens und der Offenheit. Ich erinnere mich noch gut an Christians Schweigen und seine Zurückhaltung. Allen war klar, dass wir mit unserer Initiative nicht das Kloster als solches in den *Ribât* einbeziehen wollten, sondern lediglich einen gastlichen Ort für unsere Treffen suchten. Das sei deshalb noch einmal betont, weil man den *Ribât* später oft als Initiative des Klosters Tibhirine hingestellt hat.

Die gesamte Gemeinschaft erklärte sich mit unserem Anliegen einverstanden. Jean de la Croix sagte dazu im Kreis seiner Mitbrüder sinngemäß: „Wichtig ist, dass eine solche Erfahrung wie aufgepfropft auf dem alten monastischen Stamm wächst." In diesem Sinn baten wir die Trappisten also um ihre Unterstützung. Der Weg für weitere Begegnungen stand nun offen.

Seitdem haben die Begegnungen ohne Unterbrechung regelmäßig stattgefunden. Bald schlossen sich noch zwei weitere Mönche an, die neu nach Tibhirine gekommen waren, die Brüder Michel und Christophe. Abgesehen von einer oder zwei Ausnahmen in den Jahren des schlimmsten Terrors fanden die Treffen immer im Kloster statt, selbst am Abend vor der Entführung der sieben Mönche. Zum Glück wussten die Entführer nichts davon. Alle Teilnehmer verhielten sich still und wurden weder gesucht noch gefasst. Doch welch eine Erschütterung bedeutete dies für die kleine Gruppe, die nun durch die schreckliche Abwesenheit derer zerrissen war, die ihre spirituelle Erfahrung durch das Gebet mitgetragen hatten!

Bei den ersten beiden Treffen waren wir Christen noch unter uns, aber von Anfang an suchten wir auch nach Partnern und Weggefährten von der anderen Seite des Ufers. Bruder Ventura, der etwas später hinzukam, formulierte es so: *„Was wir brauchen sind Partner, denn als „Partner" haben wir nichts zu verlieren: Wir wissen aus eigener Erfahrung, dass diejenigen, die sich in den Islam vertieft haben, immer auch ihren eigenen Glauben vertieft haben. Unsere Erfahrung bestätigt: Je tiefer die Begegnung mit dem Islam, desto stärker sehen wir uns auf unsere Kirche zurückverwiesen. In aller Bescheidenheit meine ich, dass wir hier eine Verantwortung in der Kirche zu übernehmen haben. Sechs Mitglieder des „Friedensbandes" haben bereits auf der Suche nach dieser Gemeinschaft ihr Leben hingegeben. Ihnen kann unser Weg nicht gleichgültig gewesen sein... Wenn es stimmt, dass unsere Wege aufeinander zulaufen, wenn der Durst uns alle zum selben Brunnen treibt, dann erweist unsere Welt sich auch weniger als Wüste, wenn wir uns gegenseitig in unserer gemeinsamen Berufung anerkennen."*

Heute können wir sagen, dass diese „Partnerschaft" erreicht ist. Die Muslime sind nicht mehr wie am Anfang nur als Gäste dabei, sondern stehen im Austausch und in der gemeinsamen Erfahrung mit uns Christen auf Augenhöhe.

Nachdem wir uns anfangs einfach als Christen auf den Weg gemacht hatten, stießen als erste muslimische Partner einige Mitglieder der Alawiya-Bruderschaft zu uns, eine Gruppe von Männern, die als Muslime innerhalb des Islam einer ganz „spezifischen Berufung" entsprechend leben. Nach ihrer erstmaligen Teilnahme als besondere Gäste bei unserem dritten Treffen nahmen sie in der nun erweiterten Gruppe allmählich einen ständigen Platz ein und gaben ihr damit mehr Sinn. Ihre Teilnahme begründeten sie folgendermaßen: *„Wir wollen keine dogmatische Diskussion mit euch anfangen. Im Dogma wie auch in der Theologie gibt es viele Barrieren, die*

Menschenwerk sind. Wir fühlen uns jedoch zur Einheit berufen. Wir möchten Gott den Raum lassen, Neues zwischen uns zu stiften. Das kann nur im Gebet geschehen. Deshalb suchten wir das Gebet mit euch."[13] Das entsprach genau unseren Erwartungen. Eine der Gründungsteilnehmerinnen des *Ribât* – sie trat später dem Karmel bei und ist heute Priorin des Karmel von Lisieux – schilderte ihre Verbundenheit mit dem Projekt in folgenden Worten: *"Ich spürte eine tiefe Übereinstimmung in der Art der Annäherung an den Islam nicht über die Lehre, sondern über ganz alltägliche Begegnungen mit muslimischen, aus der islamischen Spiritualität lebenden Schwestern. Ich fühlte mich von ihnen zugleich hinterfragt und bereichert, ich wollte ihnen genau zuhören und ihren Glauben möglichst so verstehen, wie sie ihn selbst zum Ausdruck brachten. Daher war ich 1979 gleich bereit, im* Ribât *mitzumachen, und umso froher war ich darüber, dass ich dies auch zusammen mit gottesbegeisterten Muslimen erleben durfte, die unseren Glauben nicht nur respektierten, sondern die auch fest überzeugt waren, dass solche Begegnungen gottgewollt waren und uns helfen konnten, Gott noch besser zu erkennen und zu lieben. Besonders schön fand ich dabei, dass sich hier in erster Linie „Betende" trafen und nicht Theologen oder auch Leute, die einmal praktisch ausloten wollten, bis zu welchem Punkt man wohl im gemeinsamen Glauben gehen kann. Derartiges hatten wir nicht im Sinn, wir wollten uns einfach von Gott selbst leiten lassen, der jeden einzelnen von uns führt."*

Nahmen die Mitglieder der Bruderschaft in der Anfangsphase des *Ribât* noch eine Art Sonderstellung ein, verstärkte sich in der Folgezeit die Teilnahme von muslimischer Seite, wobei die Bruderschaft ihrerseits wieder etwas auf Distanz ging. Auch die christliche Teilnehmerschaft wurde bunter in ihrer Zusammensetzung, nachdem zwei protestantische Schwestern aus der Gemeinschaft von Grand-

---

13 Zit. nach R. Masson, *Tibhirine, les veilleurs de l'Atlas*, S. 96

champ und später die inzwischen verstorbene Witwe eines Pastors aus Algier hinzukamen. Die Zahl unserer Mitglieder blieb dabei immer auf etwa zwanzig bis dreißig begrenzt, und wir strebten auch nie größere Zahlen an. Aufgrund meines Bischofsamtes kann ich aus Termingründen und der Entfernungen wegen immer seltener an den Treffen teilnehmen, und das fehlt mir sehr! Für mich ergibt sich daraus die dringende Forderung an mich selbst, meine Berufung in einem „inneren *Ribât*" zu vertiefen, der sich nicht auf zwei Treffen im Jahr beschränkt.

Wir dürfen nämlich unsere vielen Partner im täglichen Leben und all die Begegnungen nicht übersehen, die im Rahmen unserer Beziehungen immer da stattfinden, wo wir gerade leben. Sie weiten den *Ribât* ins Unbegrenzte aus, und darauf weisen wir auch in unseren beiden Jahrestreffen immer wieder hin. Aus ihnen entsteht der „*Ribât* im Alltag", der zum Kern unserer Berufung gehört und der unsere Begegnungen bereichert.

Von Anfang an hatten wir uns, um mit Jean de la Croix zu sprechen, auf den „alten monastischen Baum aufgepfropft", und wir blieben der Mönchsgemeinschaft eng verbunden, bis uns die Geschichte zwang, das leere Kloster hinter uns zu lassen – für uns alle ein immenser Schmerz! Die Trauer darüber fiel schwer und brauchte viel Zeit, zumal noch weitere Mitglieder des *Ribât* der mörderischen Gewalt zum Opfer fielen: Der Marist Henri Vergès wurde in der Kasba ermordet; die Kleine Schwester Odette vom Heiligsten Herzen wurde erschlagen nahe bei ihrer Wohnung aufgefunden; den noch sehr jungen Weißen Vater Christian Chessel brachte man mit drei Begleitern in Tizi-Ouzou um, nachdem er dem *Ribât* gerade erst beigetreten war! Von den Mönchen von Tibhirine gehörten drei dem *Ribât* an, die Brüder Christian, Michel und Christophe. Man muss sagen, dass unsere Gruppe in den erwähnten Jahren der Gewalt schreckliche Prüfungen durchlebt hat, doch wurden die Treffen nie unterbrochen!

Nach dem schrecklichen Tod der Mönche war das Kloster Tibhirine verwaist, und der *Ribât* hatte sowohl die geistliche Stütze durch die Gemeinschaft als auch die ebenso wertvolle wie diskrete Leitung durch Christian verloren. Als ständig Suchender, aufgrund seiner Erfahrung und Lebensgeschichte und auch seiner besonderen Berufung hatte er stets seine ganz eigene Hoffnung und seinen Elan beizusteuern gewusst. Sein „Geist" bleibt uns weiter erhalten als Quelle der Inspiration und als Antrieb, um immer noch weiter voranzugehen. Er hätte sich wohl gegen die Bezeichnung gewehrt, doch war er sicherlich so etwas wie die „Seele der Gruppe", in die er sich stets diskret, aber immer mit seinem ganzen Wesen mit einbrachte.

Im Kloster selbst gab es danach keine Treffen des *Ribât* mehr, sie finden inzwischen zweimal jährlich in Algier statt.

Der Ribât als Weg unserer Berufung

Unser Mitwirken im *Ribât* ist in erster Linie als Engagement im Alltagsleben zu verstehen, ohne dass wir uns damit von den Bemühungen so vieler anderer islamisch-christlicher Gruppen besonders abheben wollten. Das bedeutet schon eine große Herausforderung angesichts so vieler Zerrbilder, politischer Vereinnahmungen und Ungerechtigkeiten nicht zuletzt im Namen der „Religion" oder gar Gottes selbst und angeblich unter seinem Segen. Wir könnten leicht versucht sein, uns als eine Elite zu verstehen, was uns manche auch schon vorgeworfen haben. In seltenen Fällen haben wir auch jemandem davon abgeraten, bei uns mitzumachen, wenn uns die Motivation nicht dem Geist unserer Gruppe zu entsprechen schien.

Das „Friedensband" ist also mehr als irgendeine Gruppierung. Es ist eine Berufung, in der sich gläubige Menschen im Kontakt zu anderen Gottsuchern, die ihrerseits nach Schwestern und Brüdern suchen, mit denen sie ihre Sehnsucht teilen wollen, selbst wiedererkannten und noch wiedererkennen. Dies ist für die Orientierung des *Ribât* insgesamt von Bedeutung, der damit zu einer Gemeinschaft aus Berufenen wird, die sich wie auf einem Pilgerweg auf die Suche nach einem Gott macht, der als der Gott aller anerkannt ist, selbst wenn diese Anerkennung noch umstritten ist. Nicht wenige Christen und auch Muslime behaupten ja heute, wir hätten „nicht ein und denselben Gott", was wir niemals unterschreiben würden.

Wir wissen sehr wohl, dass diese „Berufung" nicht die der ganzen Kirche von Algerien ist und auch nicht auf Algerien begrenzt ist – auch in Tunesien hat sich bereits eine solche Gruppe gebildet –, doch bleibt sie für uns Christen in dieser Kirche Algeriens fest verankert. Wir suchen bei unseren muslimischen Partnern weiter nach Gemeinschaft sowohl in dem, was uns eint, als auch in dem, was uns unterscheidet oder gar trennt, denn was uns unterscheidet, ist ja höchst bedeutsam. Gott schafft immer nur Unterschiedliches. Bei keiner Begegnung und in keiner menschlichen Gruppe ist Gemeinschaft von vornherein schon vorhanden. Leider kann Verschiedenheit auch zum Gegenstand von Rivalitäten oder gar blutigen Auseinandersetzungen werden, und bis heute ist die Geschichte voll von solchen Missverständnissen!

Andererseits erweist die Verschiedenheit sich aber auch als enorme Chance und als wahres Gottesgeschenk, wenn wir bereit sind, uns auf sie einzulassen.

Welchen Sinn kann diese „Verschiedenheit" im Rahmen unserer Berufung haben? Das möchte ich anhand eines unserer wohl denkwürdigsten Treffen schildern, bei dem die Verschiedenheit nicht eklatanter hätte hervortreten können. Am Ende eines jeden Treffens suchten wir immer gemeinsam ein Thema für das nächste Mal aus. Vor einigen Jahren schlugen unsere muslimischen Partner vor, beim folgenden Treffen über den Tod Jesu zu sprechen, einen höchst umstrittenen Punkt zwischen Islam und Christentum. Konnten wir uns auf eine solche Herausforderung einlassen, oder war damit die Latte nicht doch etwas zu hoch gelegt? Unser Vertrauen zueinander war inzwischen so groß, dass wir beschlossen, ein solches Gespräch zu wagen. Alle Teilnehmerinnen und Teilnehmer bereiteten sich also vor und trugen nacheinander vor, was ihnen der Tod Jesu bedeutete. Wir rührten damit in der Tat an den kritischsten Punkt unserer Verschiedenheit: Für uns Christen ist Jesu Tod unumgänglich der Durchgang zu seiner und damit letztlich auch zu unserer Auferstehung; der muslimischen Tradition nach wurde Jesus dagegen gar nicht getötet, sondern ein anderer wurde an seiner Stelle gekreuzigt. In diesem Punkt gibt es kein Wenn und Aber und keinen Kompromiss, was in allen Beiträgen deutlich wurde. Dann trat ein langes Schweigen ein, wir hatten uns nichts mehr zu sagen und ließen die Stille sprechen. Wie sollten wir den Faden wieder aufnehmen? Da meinte einer unserer muslimischen Freunde: „Wir dürfen uns unsere Verschiedenheiten nur aussprechen, damit wir uns umso mehr in der Barmherzigkeit üben." Die Liebe zueinander erwies sich größer als alles Trennende. Im gegenseitigen Respekt wird die Verschiedenheit zum Prüfstein für Kreativität, aus der Geschwisterlichkeit neu entspringen kann. Das ist der Preis für wahre Gemeinschaft.

Christian schrieb 1984 eine längere Reflexion unter der Überschrift *„Christen und Muslime – Liegt der Sinn unserer Verschiedenheiten in Gemeinschaft?"* Ich zitiere daraus einen Abschnitt, der in unserem Zusammenhang seinen vollen Sinn entfaltet:

„Liegt der Sinn unserer Verschiedenheiten in Gemeinschaft?" So formuliert und an Christen wie auch an Muslime gerichtet, will unsere Fragestellung bewusst das immer schon verminte Gelände der theologischen Kontroversen umgehen. Bis in die jüngste Zeit zeigt sich in der Geschichte, dass „Verschiedenheit" als solche auf beiden Seiten in den Wandelhallen der „Lehrämter" schlechten Ruf genießt. Oder

gibt es etwa eine Seite, die endgültig auf Lehrverurteilungen verzichtet hätte? Wir sollten lieber gemeinsam versuchen, noch tiefer ins Niemandsland des konkreten Lebens vorzustoßen, also dorthin, wo wir uns beiderseits zur Anbetung des alleinigen Gottes zusammengerufen fühlen als zu dem, der sich uns mitteilen will. Unter ganz einfachen Menschen guten Willens nimmt die Verschiedenheit auf einmal sehr viel vertrautere Konturen an; eng ins Leben eingeflochten, fließt sie Tag für Tag in unsere gegenseitigen Beziehungen mit ein und zeigt das Gesicht der Freundschaft mit sehr vielen göttlichen Zügen. Sie mahnt uns zu mehr Respekt vor den Wegen Gottes und der menschlichen Herzen, und sie darf dann auch ruhig im Gebet ihren Platz finden, bisweilen sogar im gemeinsamen Gebet."[14]

Das gemeinsame Beten wurde nach und nach zum festen Bestandteil unserer Begegnungen. Immer wieder kam es im Lauf unserer Treffen wie ein Geschenk des Gottesgeistes ganz spontan aus dem Herzen. Doch was ist hier unter „Gebet" zu verstehen? Für uns war das Gebet in einem sehr weiten Sinn eine Erhebung des Herzens zur Quelle alles Guten. Gebet ist nicht nur ein präziser religiöser Akt, sondern es geht über die rituellen Formulierungen hinaus, die es freilich als Stütze benötigt. Mit der Zeit wies uns die Erfahrung den richtigen Weg. Bei allen Treffen beteten die Christen jeweils so, wie es in ihrer Kirche üblich ist, und die Muslime beteten gemäß ihrer Tradition. Der Zeitplan unserer Treffen nahm immer auch Rücksicht auf die liturgischen Zeiten sowohl für Muslime als auch für Christen.

Anfangs beteten wir nebeneinander oder nacheinander, immer aber füreinander. Inzwischen beten wir ganz bewusst miteinander! Das Hauptgewicht liegt jeweils auf einer längeren Zeit des stillen Betens in der Gemeinschaft, allenfalls unterbrochen durch einige Anrufungen.

---

14 Zitiert nach der Erstveröffentlichung in der Zeitschrift *Lettre de Ligugé* in: Bruno Chenu, Hrsg., *L'invincible espérance*, Paris (Bayard Éditions/Centurion) 1997, S. 111

Gleich in der Anfangsphase war eine ernsthafte Gefahr zu umgehen, vor der uns der damalige Bischof Claverie von Oran rechtzeitig und wiederholt gewarnt hatte, nämlich die Gefahr des Vermischens. Wir wollten ohne Wenn und Aber diejenigen bleiben, die wir waren, nämlich Christen mit festen Wurzeln in ihrer Kirche, gemeinsam auf dem Weg mit ihrerseits in ihrem muslimischen Glauben fest verankerten Muslimen.

Wir alle verstehen uns als „Gottsucher". Und wie anders sollten wir auf diese Suche gehen, denn als Pilger auf dem Weg zum ganz Anderen hin und im Zeichen der Hoffnung? Das verlangt von uns, dass wir so manches vertraute Ufer unseres Glaubens hinter uns lassen und neue Wege wagen, die uns gemeinsam zum Reich Gottes und zur Gemeinschaft der Heiligen führen. Wenn der Geist im Herzen eines jeden ist, kann uns dann nicht auch jeder etwas vom Angesicht Gottes widerspiegeln?

Berufen zur Utopie innerhalb der Gesamtkirche

Der *Ribât* entstand als „kirchliches Band" und zugleich als eine alle Muslime umspannende und alle Mitmenschen einbeziehende Verbindung. Das entspricht dem arabischen Wortsinn von *ribât*, der auch die Kette von befestigten Klosteranlagen entlang der Mittelmeerküste zur Abwehr feindlicher Angriffe bezeichnen kann. Es war aber nicht immer leicht, unserer eigenen Kirche gegenüber klarzustellen, dass wir diese Berufung innerhalb unserer Glaubensgemeinschaft lebten. Wenn Christian in seinem Testament davon schreibt, man habe ihn für „naiv" erklärt, dann haben viele von uns Gleiches erlebt oder erleben es noch. Möge diese Naivität uns vor elitärer Überheblichkeit bewahren!

Man muss freilich einräumen, dass unser Projekt durchaus eine utopische Komponente beinhaltet, die manche unserer Glaubensgeschwister stören mag. Aber beruht unsere Utopie nicht auf einer eschatologischen Realität, dem „Morgen Gottes"?

Gerade darum ist es so wichtig, dass der *Ribât* für Christen fest im Herzen der Kirche und für Muslime im Herzen des Islam verankert bleibt.

Die in Gemeinschaft mit den anderen Mitgliedern unserer Kirche gelebte Berufung fordert und drängt uns ständig zum Brückenbau aufs andere Ufer hin, und jeder Brückenbau zwischen zwei Ufern muss irgendwo seinen Anfang finden, und zwar auf festem Untergrund.

Das Bild von der Brücke wurde schon mehrfach verwendet. Es steht als Symbol für Frieden und Begegnung zwischen Gemeinschaften von Glaubenden. Im Gästezimmer von Tibhirine, in dem unsere Versammlungen stattfanden, hing ein wunderschönes Foto der Brücke von Mostar in Bosnien. Unter dem Brückenbogen hindurch blickte man auf ein Minarett und auf einen Kirchturm, so als bilde die Brücke die Verbindung zwischen den beiden Gemeinschaften. Diese uralte Brücke aus dem Jahr 1566 hatte Erdbeben, Invasionen und Kriege überstanden. Im November 1993 brach sie als störendes Zeichen unter den Bomben des Bosnienkrieges zusammen. Elf Jahre danach wieder aufgebaut, ist diese Brücke heute erneut zum Symbol der Versöhnung und der menschlichen Solidarität geworden.

Das Bild von dieser Brücke hatte uns viel zu sagen, denn eine Brücke setzt immer das andere voraus: Eine Brücke braucht zwei Ufer. Sie braucht festen Untergrund auf beiden Seiten, damit sie zur Begegnung führen kann. Wir gehen auf den anderen zu, aber zugleich im Eingeständnis unserer Zerbrechlichkeit und der scheinbaren Bedeutungslosigkeit unseres Tuns auch immer auf den ganz Anderen, auf

Gott. Heute steht die Brücke von Mostar wieder, aber die Brücke zwischen Muslimen und Christen bleibt eine Baustelle. Von beiden Ufern baut man mit gleichem Zögern, aber auch mit gleicher Sehnsucht an ihrem Bogen. Wo kann in unseren Tagen der Treffpunkt liegen? Wenn er mitten in unserer Sehnsucht liegt, werden sich beide Ufer verbinden, und dann werden unsere Verschiedenheiten den „Sinn von Gemeinschaft" erhalten.

Unsere Erfahrung im *Ribât* ist gar nicht so außergewöhnlich, wie es zunächst scheinen mag! Aber müssen wir auf diesem Weg nicht noch weiter vordringen und die Begegnung mit dem anderen in dessen und zugleich in unserer eigenen Wahrheit riskieren? Die Kirche ist ja nicht nur dazu berufen, neue Mitglieder für die eigene Gemeinschaft zu gewinnen, sie soll auch mit den so ganz andersartigen anderen zusammen einen Weg gehen, der von beiden Seiten auf Gott hin konvergiert und auf eine Menschheit, die sein Abbild besser wiedergibt. In dieser Hinsicht hat es, so scheint mir, in letzter Zeit zahlreiche und ermutigende Initiativen gegeben: Man reicht sich die Hände, man knüpft neue Bindungen. Lassen wir also das Ufer unserer zerbrechlichen Gewissheiten ohne die Angst, uns zu verirren, hinter uns, und wagen wir die Begegnung mit unseren Schwestern und Brüdern im Menschsein, die am anderen Ufer auf uns warten.

Zeugnis einer Gläubigen vom „gegenüberliegenden Ufer"

Ich möchte nun das Wort einer gläubigen Muslimin von diesem „anderen Ufer" überlassen. Als eifrige *Ribât*-Teilnehmerin schrieb sie mir ein paar Tage nach meiner Bischofsweihe einen Brief.

Ich hatte sie zu der Feier in Notre-Dame d'Afrique eingeladen, an der eine ansehnliche Zahl muslimischer Frauen und Männer teilnahm.

Mit ihrem Einverständnis zitiere ich den Brief fast in voller Länge, und ich bin ihr dankbar, dass sie mir damit die Möglichkeit bietet, eine tief in ihrem Glauben verankerte Muslimin zu Wort kommen zu lassen. Aus ihrem tiefsten Inneren heraus liefert sie uns ein Zeugnis dafür, was zwischen uns allen als glaubenden Menschen auf dem gemeinsamen Weg zum einen Gott aller zu leben möglich ist.

„Ich schreibe dir diese Zeilen, nachdem ich gerade das Buch von Marie-Christine Ray *„Christian de Chergé – Prior von Tibhirine"* zu Ende gelesen habe. Zu meiner freudigen Überraschung fand ich darin am Ende ein Zitat von dir: „Werden auch wir Frauen und Männer uns auf unseren eigenen Wegen dieser Herausforderung einer ehrlichen und wehrlosen Liebe stellen?"

Die erste Schule war für mich mein Vater, der mich oft zusammen mit meinen Brüdern und Schwestern nach Tibhirine mitnahm, wo wir uns nahe bei den betenden Mönchen und in der Natur erholten. Manchmal fuhren wir auch nach Notre-Dame d'Afrique, genossen von da aus die Aussicht über Algier und wohnten anschließend in aller Stille noch dem Gebet der Christen bei. Mein Vater hatte uns von klein auf den Respekt vor dem Glauben der anderen eingeimpft und uns bei Ordensschwestern in die Schule geschickt. Am Abend Deiner Weihe kam so die Erinnerung an die schöne Zeit meiner Kindheit und Jugend wieder in mir hoch.

Ich kann Dir gar nicht sagen, was es für mich bedeutete, zu diesem großen Tag eingeladen zu sein. Die Freude, ihn miterleben zu dürfen, war einfach unbeschreiblich. Auf so ein Licht hatte ich seit Jahren gewartet. Durch lange Jahre der Dunkelheit hindurch hatte ich gebetet, der Tag möge kommen, an dem die Muslime ein anderes Bild von ihrer Religion und ihre „lichte Seite" zeigen können, von der auch Christian immer sprach. Dieser Tag war wirklich gekommen. Ich fühlte mich angenommen und durfte annehmen. Und der Ausdruck vom „Betenden unter anderen Betenden" traf genau das, was ich empfand. Ich suchte nach Gläubigen in allen Bekenntnissen, und nun wurde dies erfüllt."

Anschließend beschreibt sie, wie sie die feierlichen Weihehandlungen selbst erlebte, und zeigt, dass ihr keine Geste entgangen ist.

In der ersten Lesung war die Rede von der Witwe von Sarepta, die dem Propheten Elija zu essen gab (2 Kön 17,8-24).

„Die Geschichte von der Witwe mit ihrem Sohn, die für den Propheten Brot buk, hat mich stark angerührt. Ich hatte den Eindruck, als sei das hier bei uns in Algerien geschehen ... Als man dir die geöffnete Bibel auf den Kopf legte, war es für mich das Zeichen, dass auch dir Gottes Wort am wichtigsten ist... An diesem Abend war etwas Göttliches im Raum, und irgendjemand sagte: 'Heute war Christus selbst zugegen!' Wir spürten, was für ein starker Augenblick es für dich war, aber auch für uns und vor allem für unsere große gemeinsame Liebe für Algerien. In den vergangenen Jahren lag Algerien in Agonie, nun endlich ist es wieder zum Leben erstanden, um seine Berufung als Land der Vielfalt zu erfüllen.

Alle Anwesenden, so empfand ich es, waren gleichsam ihrer Zeit schon voraus; es war wie ein Zeichen für die Zukunft, in der, *in shâ Allah*, einmal Friede herrschen wird, weil die Menschen dann endlich gelernt haben, sich gegenseitig zu respektieren. Nicht durch unseren Leib sind wir ewig, sondern durch das, was wir einmal sein werden. Wie du so schön über Christian sagtest: 'Für ihn war die Liebe zur Gewalt allein durch die Gewalt der Liebe zu besiegen. Eine Schwester sagte zu mir: ‚Heute Abend haben wir eine Gemeinschaft der Heiligen erlebt...'

Als du ausgestreckt auf dem Boden lagst, wurde mir auch der Sinn der O*uboudia* wieder neu deutlich: die totale Unterwerfung als wirkliche Unterordnung unter Gott und sein göttliches Gesetz. Gibt es wohl eine größere Freude als ein Leben im Gehorsam? Nicht im blinden Gehorsam, sondern in einem überzeugten, erleuchteten Gehorsam.

Alles und alle waren an diesem Abend wie in Licht eingetaucht und trugen unseren Anteil von dem Licht, das Gott uns Dank dir geschenkt hat, mit hinaus. Deine noble Mission als Gottesmann hat mich immer beeindruckt, ebenso wie die der Schwestern, die mich unterrichtet haben. Gott hat mir so viel geschenkt, und an diesem Abend warst du das Geschenk...Wie damals mein Vater zu mir, so konnte ich an diesem Abend zu meinem eigenen Sohn sagen: ‚Ein rechter Muslim muss immer Respekt haben vor dem Kult eines anderen Gläubigen, wer er auch sei.' Das Wort „Islam" kommt von *Salam*, Frieden. Nehmen wir uns den Frieden als unsere Mission vor, den Frieden mit uns selbst, in unseren Familien, bei der Arbeit, überall in der Welt, damit wir endlich auch spüren, dass wir im Begriff sind, unsere Mission auf Erden zu erfüllen. Möge Gott dich bewahren und schützen, dich und die Deinen, für uns und unser geliebtes Land Algerien. Und nochmals Dank."

Oum Keltoum

So etwa muss man sich den menschlichen und spirituellen Kontext vorstellen, in dem wir leben. Manchen mag das idyllisch vorkommen, aber mir geht es hier um alles andere als Schönfärberei. Wir leben nicht in den Wolken, und wenn wir einerseits viele Freunde haben, ist uns andererseits immer auch klar, dass wir vielfach durch unser bloßes Vorhandensein störend wirken. Manche Mitbürger und bisweilen auch höhere Instanzen machen uns das hinreichend deutlich. Bisweilen verdächtigt man diverse Arten unseres Engagements als Proselytismus. Alle Uneigennützigkeit und jeder Dienst lassen sich ja durch falsche Behauptungen in ein schiefes Licht rücken, doch wem bleiben im Leben Auseinandersetzungen oder auch unterschwellige Verfolgung schon erspart? In diesen Dingen müssen wir all das auf uns nehmen, was glaubende Menschen aller Art durchzustehen haben, wenn sie den Anforderungen der Gerechtigkeit und Gradlinigkeit aus ihrem Glauben treu bleiben wollen. All das kann uns nicht aufhalten, und es gibt viele Muslime, die uns dabei unterstützen und Mut machen. Ohne sie könnten wir unser christliches Engagement hier gar nicht leben. Ich glaube, das habe ich in diesen Zeilen deutlich genug zum Ausdruck gebracht, indem ich versucht habe, von all den starken und dauerhaften Bindungen zu unseren islamischen Schwestern und Brüdern zu erzählen.

Nun möchte ich doch auch noch auf unseren geografischen Kontext zu sprechen kommen und dazu den Blickwinkel wechseln. Auch die Wüste prägt ja unseren Glauben und unser Leben in dieser unendlich weiten Region, über die wir so weit verstreut sind und in der wir uns doch immer auch aufgehoben fühlen.

IV

In der Wüste

Wenden wir uns also einer etwas konkreteren, greifbareren und auch irdischeren Welt zu. Ich spreche von der Wüste vor allem als einer Erfahrung, meiner eigenen Erfahrung, wie ich sie nahezu tagtäglich bei meinen Besuchen und Fahrten durch die Sahara mache. Diese Erfahrung liegt keineswegs außerhalb der zuvor beschriebenen, sondern ist in der „inneren Reise" zum anderen mit inbegriffen. Auf so eine Reise möchte ich Sie als Leserin oder Leser nun mitnehmen.

Ich rücke noch eben den Rückspiegel zurecht, und schon sind wir abfahrbereit zu einer Fahrt quer durch die Wüste: Wir haben eine lange Strecke vor uns mit nur wenig Haltepunkten. Adrar liegt über achthundert Kilometer von hier entfernt. Ich werde über El Goléa und Timimoun fahren, dort wie gewohnt Halt machen und die Gemeinden besuchen. Die Sonne ist soeben aufgegangen, mein Motor schnurrt wie eine zufriedene Katze, was sonst nicht immer der Fall ist, und schon geht es los! Beim ersten Gebetsruf, der das Tal in alle Richtungen durchdröhnt, ist die Stadt schon auf den Beinen. Quietschend heben sich die Rollläden vor den Geschäften. Bald schon liegen die letzten Wohnhäuser hinter mir, nun noch die neue Universität, der Flughafen, und dann liegt nur noch die Straße als graues Asphaltband vor mir, das sich gleichsam ins Endlose verliert.

Vor und hinter mir, rechts und links – nichts als Wüste in ihren vielfältigsten Formen, Aspekten und Farben. Diese Wüste ist meine

Kathedrale und die aufgehende rote Sonne ihr schönstes Kirchenfenster.

Ich trete ein – ähnlich wie in eine Moschee, ohne Schuhe an den Füßen! Wie Gott es dem Mose befohlen hatte, als er aus dem brennenden Dornbusch zu ihm sprach: „...denn der Ort, wo du stehst, ist heiliger Boden!" Ob Gott das vielleicht deshalb verlangte, weil es einfach nur die übliche Geste beim Nachhausekommen ist? Dieser ganz banal-alltäglichen Deutung gebe ich gern den Vorzug, weil sie mir so viel vertrauter und zugänglicher erscheint; denn ist nicht jeder Boden sakral und heilig, auf dem sich irgendjemand zu Hause fühlen soll? Die Wüste allerdings ist dann doch ein Zuhause ganz eigener Art!

Doch von welcher Wüste ist eigentlich die Rede? Und aus welcher Sicht? Sprechen wir als Geografen oder Ethnologen? Als durchreisende Touristen? Als Nomaden? Als Sucher nach dem Unendlichen?

Ich möchte hier von der Wüste sprechen, wie ich sie selbst wahrgenommen, gespürt, erlitten und erlebt habe. Ich will weitererzählen, was sie mir anvertraut hat. Ein hebräisches Wort lüftet mir etwas von ihrem Geheimnis: das Wort *mi-d'bar*, zusammengesetzt aus der Vorsilbe *mi* für etwas Fehlendes und *d'bar* als Ausdruck für „Wort". Ist Wüste vielleicht vor allem und ausschließlich dort, wo es an Worten fehlt? Ein Ort, wo man schweigt? Ein Ort des Hörens und der Stille? Ist sie am Ende nichts als das?

Ein Teil unserer Erde

Die Wüste ist zunächst einmal ein Teil unserer Erde, ein unermesslich weiter Raum, großartig und „undurchquerbar", wie das arabische Wort *Sahra* besagt! Konkret ist sie ein Durchzugsgebiet, von Pisten und Straßen durchzogen und von Wegmarkierungen übersät. Hier zieht man den Herden gleich ständig von Ort zu Ort. Von wenigen Ausnahmen abgesehen gibt es in ihr kein Verbleiben. Sie ist ebenso Durchzugsgebiet wie der Ozean, mal wie ein friedliches Meer bei ruhendem Sand, mal wie die aufgewühlte See, wo sie aus schroffen Felsen besteht, die wie riesenhafte Wellen mit Sonne und Schatten spielen. Das Gegenlicht verwandelt kleinste Erhebungen in wundersamste Silhouetten, verführerisch anziehend und dann wieder abschreckend.

Manchmal lässt das Übermaß an Sonnenlicht die Straße und den Horizont wie Irrlichter tanzen, die sich in Spiegelbilder der Fata Morgana wandeln und doch mehr sind als nur Illusion.

Ein Sandsturm zwingt mich, langsamer zu fahren und schließlich ganz anzuhalten. Er hat sich plötzlich erhoben und war doch irgendwie schon zu erahnen. Anfangs rast er über den Boden, steigt dann als wütende rote Wolke hoch in den Raum und verbreitet den Staub überall, der nun zwischen den Zähnen knirscht. Die Straße ist im dichten und andauernden Nebel kaum noch auszumachen. Ich halte an und warte.

Manchmal versperrt ein Wadi die Straße, ein Albtraum aus gefährlich reißenden Fluten, und wieder braucht der Reisende Geduld. Wehe dem, der sich jetzt noch weiter wagt. Man kann in der Wüste auch ertrinken oder sogar erfrieren! Zwischen Atlas und Sahara bin ich einmal eine ganze Nacht lang im Schnee steckengeblieben. Das Leben ist kein langer, ruhiger Fluss – und die Wüste schon gar nicht!

Ich fahre auf dem langen schwarzen Band wie auf einem angenehmen Teppich weiter zur nächsten Oase. Nichts lenkt mich ab, das Handy ist fast immer außerhalb aller Empfangsbereiche, keiner klopft an meine Tür.

Dennoch ist da noch Leben, kaum sichtbar und nur ganz vereinzelt zwar, aber doch sehr zäh und hartnäckig. Da weiden ein paar Kamele, kauen auf Dornen herum und staunen den Eindringling groß an, der sich in ihr Reich hineinwagt. Manchmal entschließen sie sich genau jetzt, die Straße zu überqueren und mir klarzumachen, dass sie hier zu Hause sind und die Vorfahrt haben!

Ein Esel trottet die Straße entlang. Ihn brauche ich nicht besonders zu beachten, er wird immer stur so weitergehen, und kein Hupen wird ihn auch nur um einen Zentimeter von seinem Weg abbringen!

Eine Schafherde, gesprenkelt von ein paar störrischen schwarzen Ziegen, ist ihrem überforderten Hüter durchgegangen und will ausgerechnet quer über die Straße. Nur jetzt keinen Unfall! Ein Schaf zu überfahren ist nämlich kein Kunststück, für eine Ziege wäre allerdings schon ein Pokal fällig!

Ein Lastwagen steht defekt am Straßenrand und wartet auf sein Ersatzteil. Wasser gefällig? Ich habe immer einen kleinen Vorratskanister im Kofferraum. Ein Wüstentaxi hat zur Gebetszeit angehalten, ein altersschwacher und überfüllter Bus wartet auf die Pannenhilfe, ansonsten keinerlei Abwechslung. Das Auto fährt und fährt.

Ein Nomade steht nahezu mitten auf der Straße, verzweifelt gestikulierend, den Stab über dem Kopf schwingend. Ich halte an. Seit einer Stunde wartet er unter der glühenden Sonne; wir sind über zweihundert Kilometer von der nächsten Stadt entfernt. Er bittet mich nur um Mitfahrt für ein kleines Stück und überschüttet mich dafür mit einem ganzen Rosenkranz an Segenswünschen: „Möge Gott dir ein langes Leben schenken; möge er deinen Reichtum mehren und dich mit Kindern segnen; er öffne dir die Tore zu seinem Paradies..." Ich setze ihn an einer Stelle ab, von wo aus er den Weg zu seinem Lager kennt, von dem aber weit und breit nichts zu sehen ist; irgendwo in einer Mulde oder hinter einer Düne muss es liegen. Ich lasse ihn seiner Wege ziehen, und schon ist er wie ein Traumgesicht wieder verschwunden. Für ihn gibt es keinen anderen Reichtum als die Wüste. Er ist hier überall zu Hause, und wie ich bemerkt hatte, ging er barfuß - und kannte sich hier offenbar so gut aus wie ein Pariser in der Metro.

Mein alter Freund Brahim hat mir einmal erklärt, wie er sich als Nomade einst in der Wüste orientierte. Natürlich gibt es die Sonne als natürlichen Kompass für jeden Reisenden, aber was ist bei Nacht? „Wer die Sterne nicht kennt, kann nachts nicht wandern!" Und dann zeigte er mir am Augusthimmel die Sterne und Sternbilder, die sich entweder bewegen oder scheinbar am Firmament fixiert sind. Er kannte sie alle mit Namen. Was jedoch geschieht, wenn der Himmel bewölkt ist, wenn der Wind den Sand aufwirbelt und man dennoch weiter muss? Da griff er mit seiner rauen Hand in den Sand und erklärte mir, wie er sogar nachts an der Beschaffenheit und am Rieseln des Sandes erkennen konnte, wo er sich gerade befand und wo es lang ging. Und wenn man anhalten muss, dann hält man eben und wartet. Geduld ist die unabdingbare Speise des Nomaden.

Ein Raum im Innern

Die Wüste liefert uns das authentischste Abbild und den getreuesten Widerschein unseres Innenlebens. Mit ihr fühle ich mich im Einklang, ob sie farbig leuchtet oder düster und grau erscheint. Für mich ist die Wüste wie die Tiefe der Seele und des menschlichen Lebens, wie die Schönheit des Herzens, Gegenwart und Abwesenheit des geliebten Anderen zugleich. Die Wüste ist wie das Leben. Wie ein Leben ohne Lüge, ganz und gar nackt in ihrer Schönheit und Kargheit.

Ich habe sozusagen eine Kassette mit „Stille" eingelegt. Die Straße zieht sich hin, immer geradeaus. Sie ist wie ein Rosenkranz mit Kilometersteinen als Perlen.

Die Straße ist für mich Gebet. Ich fühle mich begleitet, ohne dies genauer beschreiben zu können. Seltsamerweise fühle ich mich auf meinen Fahrten bei allem Alleinsein eigentlich niemals einsam. Ich habe immer den Eindruck, einen unsichtbaren Begleiter auf dem leeren Beifahrersitz neben mir zu haben, auch wenn ich manchmal fünfzig Kilometer lang weder einem Auto noch einer Menschenseele begegne.

Manchmal halte ich an und höre einfach nur auf die Stille. Dann klingt jenes innere Wort am lautesten, das uns ohne den Umweg über die stets trügerischen Wörter so manches mitzuteilen vermag. Das schönste Gebet wird uns geschenkt, wenn wir stumm werden, völlig still, ganz und gar im eigenen Inneren bei uns sind.

Manchmal ist die Stille so intensiv, dass sie unerträglich wird. Es ist ja nicht immer leicht, nur mit sich selbst konfrontiert zu sein. Aber die tiefe Begegnung mit sich selbst enthält noch den Schein einer Spiegelung Dessen, der in der Stille anwesend ist. Die Wüste ist der Ort der Wortlosigkeit. Aber ein inneres Raunen ist nicht verboten, ganz im Gegenteil. Ich glaube, genau in solchen Momenten gären und reifen die verrücktesten Pläne und kühnsten Träume.

Im Herbst oder Winter wird das Spiel des Lichtes geradezu überwältigend, besonders am Morgen und am Abend. Je nach Jahreszeit und Stand der Sonne wandeln sich die Farben, die Landschaft zeigt sich jedes Mal neu. Ist die Sonne soeben untergegangen, scheint die Erde für einen Augenblick das ganze, tagsüber gleichsam aufgestaute Licht auf einmal dem Himmel zurückgeben zu wollen. Bleibt aber die Sonne verdeckt – in einer Dunstglocke oder hinter Gewitterwolken verborgen oder vom Sandsturm wie verwischt – , dann wird der Raum trist und grau wie ein Tag der Prüfung – ganz wie auch sonst im Leben.

Die Wüste besitzt Männlichkeit und Weiblichkeit wie der Mensch, sie ist sowohl männlich als auch weiblich, ist Mann und Frau bis in ihre Formen hinein. Adam entstammte der Erde: „Als Mann und Frau schuf Er sie", heißt es im Buch Genesis. Und beide wurden sie zum Gegenstand der Bewunderung ihres Schöpfers: „Gott sah alles an, was er gemacht hatte: Es war sehr gut."

Wen sollte es da wundern, dass man in diesem Raum und seinen Formen nicht nur einen Abdruck der Schönheit sowohl des menschlichen Körpers und Geistes, sondern auch ein Spiegelbild der Größe Gottes entdecken kann.

Wen sollte es wundern, dass man hier die Spuren jenes Gottes entdecken kann, der sein Bild und seine ureigenen Züge so tief in den Menschen eingeprägt hat? Dazu braucht man allerdings einen verfeinerten Blick und ein Herz, das nach dieser unsichtbaren Begegnung dürstet.

Die Wüste ist Mann und Frau zugleich. Sie spiegelt all deren Falten, Farben, Schatten und Schönheiten wider, und sie besitzt die Gabe, mit allem, was sie aus den intimsten und tiefsten Bereichen an den Tag bringt, zugleich zu betören und zu erschrecken. Sie ist ebenso angsterregend wie schön, sie ist zart und grausam zugleich, sie ist Freund und Feind, sie kann lieben und hassen, kann dich umarmen und verachten, kann lebendig machen und töten, kann ebenso gut göttlich wie teuflisch sein.

Der Hoggar ist männlich, rau, schroff, herausfordernd mit seinen vertikalen phallischen Kegeln. Er wirkt angsteinflößend und bedrohlich wie die Tuaregkrieger aus unseren Kinderträumen. Selbst für erfahrenste Bergsteiger ist er kaum zu bezwingen. Sein Relief ist muskulös wie das von Athleten, seine Gipfel sind oft unerreichbar. Der Hoggar fordert zum Kämpfen und Ringen heraus, zu harter Arbeit um Gnade und Geist. Aber er ist auch schön bis in die letzten

Felsenritzen im erstaunlichen und verführerischen Spiel der aufgehenden oder untergehenden Sonne!

Das Tassiligebirge und der große Erg haben weibliche Züge. Die Sanddünen strecken sich unter der Sonne dahin wie weibliche Körper von fast sinnlicher Schönheit. Sie laden ein zur Betrachtung, zur Ruhe, zur friedvollen Anbetung. Aber da gibt es auch die Launen, Stimmungsschwankungen und Wutanfälle: Dann scheinen die Wirbel aus Sand und Staub wie das aufgelöste Haar einer zornigen Fee.

Ein Ort der Gastfreundschaft und Geduld

Wenn man so von der Wüste ganz aus Erde und Geist spricht, lädt das auch zu einer Betrachtung der Menschen ein, die ihr eine Seele geben. Wer die Wüste durchquert, darf sicher sein, dort irgendwo Aufnahme zu finden. Die Gastfreundschaft, besonders dem Fremden gegenüber, gilt hier nicht nur sprichwörtlich, sie ist real. Gastfreundschaft ist hier etwas Heiliges. Das habe ich oft genug am eigenen Leib erfahren: Der Gast ist ein Gesandter Gottes und wird als solcher behandelt, egal zu welcher Stunde und unter welchen Umständen. Das eifrige Bemühen unseres Stammvaters Abraham beim Empfang seiner drei unbekannten Besucher ist nicht nur Legende. Gegenseitige Hilfe und Solidarität sind hier selbstverständlich. Anders wäre es gar nicht denkbar. Aber Gastfreundschaft hat auch ihre Rituale. Dem Gastgeber darf man nichts abschlagen, sowohl was die Aufenthaltsdauer als auch die Zahl der Tassen Tee betrifft: *„Tlêta ou bâb, arbaa lil'ahbâb"* – „Bei dreien mach dich davon, bei vieren sind wir Freunde", lautet eine Regel der Höflichkeit, die in manchen Fällen aber noch weit überboten wird: Unser Freund Tayeb nahm in den frostigen Nächten immer auch den Verrückten aus dem Dorf bei sich auf, jahrelang und jede Nacht, obwohl das Leben für ihn schon schwer genug war und er eine große Familie zu ernähren hatte. Für ihn war diese Geste immer selbstverständlich, und nie hat er dafür einen Orden bekommen!

Neben die Nomadentugend der Gastfreundschaft möchte ich als ständige Begleiterin die Geduld stellen. Ein Freund erzählte mir, was die Tradition von Mohammed überliefert: Ein Begleiter des Propheten stellt diesem die Frage: „Welche sind die drei Haupttugenden, mit denen ein Muslim ausgestattet sein muss?" Darauf der Prophet: „Die erste Tugend ist die Geduld, die zweite ist die Geduld und die dritte ist... die Geduld!"

Oh ja, hier braucht man Geduld! Zum Warten auf den Regen, auf den Bus, auf das Kamel am Brunnen, auf die Stunde des *Ftour* an Sommertagen, wenn endlich das Fasten zu Ende geht. Als vor mehr als dreißig Jahren der Ramadan wieder einmal mitten in den Sommer fiel, fragte ich unseren Koch Baschir, wie er mit der schwierigen Situation zurechtkomme. „Wir werden uns halt gedulden, Pater!" Damit war alles gesagt: „Geduld ist der Schlüssel zum Paradies." Bin ich sicher, dass ich ihn auch in mein Reisegepäck eingepackt habe? Denn öffnet er nicht auch mir die Türen zur Wüste?

Die Wüste als erste Hürde für Migranten

Das Land der Gastfreundschaft und Aufnahme kann sich aber auch in ein verbotenes Land verwandeln. Inzwischen ist die Sahara zum wahren Durchgangskorridor für Abwanderungen aus den afrikanischen Ländern südlich der Sahara geworden.

Kontrolle! Die Polizei hat eine Straßensperre errichtet und einen Kleinbus angehalten; Beamte überprüfen die Papiere. Drei Afrikaner müssen aussteigen und bleiben mit ihrem dürftigen Gepäck zurück.

Mit etwas Glück erwischen sie vielleicht den nächsten Bus, sei es zur Fahrt zurück an den Ausgangspunkt oder auch im Herdentrieb weiter bis zur nächsten Etappe... Die Wüste kann auch wie eine Mauer, wie ein Meer, wie eine böse Stiefmutter sein. Seit einiger Zeit wird hier viel gestorben. Sie bildet die vorderste Bastion, die erste Abwehrmauer zwischen dem Abendland und Schwarzafrika. Migranten aus Nigeria, Liberia, Kamerun, Kongo oder anderen afrikanischen Ländern wissen es nur zu gut.

Für sie hat die Wüstendurchquerung nicht den Charme einer touristischen Reise. Oft haben sie die für die Reise verlangte Summe von einigen tausend Euro über lange Zeit geduldig zusammengespart, und wie schnell sind sie dieses Guthaben aus Papier oft wieder los. Hungrig, durstig und mittellos kommen sie in den Oasen an und verdanken ihr Überleben allein der Solidarität der schon vor ihnen angekommenen Kameraden. Nein, es ist keine Urlaubsreise, auf die sie sich da eingelassen haben, es ist ein riskantes Abenteuer, dessen Gefahren sie vorher oft nicht sehen konnten oder wollten: Gefahren von Hunger und Durst, Gefahren durch die Korruption der Menschenhändler und die Gier der Schleuser, die ihnen das Paradies im goldenen Westen verheißen hatten.

Wenn sie aber Heimat, Familie und Dorf verlassen haben, dann wohl nicht nur aus Abenteuerlust, sondern aus purer Not. Schillernde Berichte aus den westlichen Gesellschaften, wo ein Verwandter es schon zu etwas gebracht, wo ein Bruder angeblich zu einem kleinen Vermögen gekommen ist oder ein Cousin wie durch ein Wunder eine Wohnung gefunden hat, haben sie schließlich überzeugt und letzte Bedenken ausgeräumt. Und so ziehen sie los, von den eigenen Familien gedrängt, die sich mit abgeschuftet haben, um die nötige Summe aufzubringen. Und sie ziehen los ohne andere Möglichkeit zur Rückkehr als mit dem Erfolg in der Tasche. Die Brücken sind hinter ihnen abgebrochen. Ich habe einen Migranten kennengelernt, der es nach drei oder vier Abschiebungen jedes Mal von Neuem versucht hat. Und die meisten würden sich noch einmal auf diese Prüfung mit gleichen Risiken einlassen.

Diese Menschen verlassen ihr Land, weil ihre Zukunftsperspektive zur Wüste geworden ist! Wüste steht damit gegen Wüste, also ziehen sie lieber los als am Ort zu verkommen! Sie ziehen los, um Arbeit zu finden, und damit ihre Menschenwürde und schlicht die Voraussetzungen zum Überleben gewährleistet sind, denn Arbeit, selbst Schwerstarbeit, ist ein Zeichen dafür, dass man noch Mensch ist und sich erhobenen Hauptes zeigen darf. Wenn man ihnen dieses Recht verweigert, werden sie es anderswo suchen, selbst auf die Gefahren der Wüste hin, bevor dann auf dem weiteren Weg noch die Gefahren des Meeres auf sie zukommen.

Zwischen Exil und Vergessen: Flüchtlingslager in der Sahara

Als Transitgebiet ist die Wüste auch ein Land des Exils. Das ist in der Menschheitsgeschichte nicht neu. Schon unsere Vorgänger im Glauben mussten die Erfahrung solcher Prüfungen durchmachen.

Damit möchte ich noch auf eine weitere Realität aufmerksam machen, die ebenso leidvoll ist wie die der afrikanischen Migranten und die man allzu oft verdrängt. Ich meine die Flüchtlingslager der Sahara in der Gegend von Tindouf[15]. Schon am Tag meiner Bischofsweihe kam mir der Wunsch, diese Lager einmal zu besuchen. Ihre Existenz war mir plötzlich bewusst geworden, denn auch sie waren von jetzt an der Fürsorge und Aufmerksamkeit des Hirten anvertraut, zu dem ich nun geworden war. Hatten nicht auch sie ein

---

15 Im äußersten Westen von Algerien, nahe der marokkanischen Grenze, ca. 850 km südöstlich von Béni-Abbès

Anrecht auf die geschwisterliche Solidarität unserer kleinen christlichen Saharagemeinde?

Aber auf welchen Wegen sollte ich überhaupt bis zu ihnen gelangen? Bislang hatte sich für mich keinerlei Gelegenheit geboten, bis in diese abgelegene Region der Sahara vorzudringen. Eines Morgens ergab sich in Algier dann doch eine Möglichkeit, als ich dort auf die Leiterin eines von den französischen katholischen Pfadfindern unterstützten Projekts traf. Seit einigen Jahren reisten zweimal jährlich etwa fünf oder sechs Frauen, meist Familienmütter und Berufstätige, in diese Lager, um dort Leiterinnen für Kindergruppen auszubilden. Die Projektleiterin bot mir an, ich könnte mich der Gruppe anschließen. Gemeinsam mit der in unserer Diözese für soziale Projekte zuständigen Ordensschwester konnte ich also meinem Wunsch entsprechend einen Besuch realisieren, der zum Entstehen einer Art Partnerschaft führen sollte, denn wir durften uns von diesem Ort des Leidens und Vergessenseins nicht abschotten.

Sowohl von den Familien als auch von sehr entgegenkommenden Verantwortlichen wurden wir dort in einer sehr herzlichen Atmosphäre aufgenommen, die uns zutiefst berührte. In den Lagern leben an die hundertsechzigtausend Menschen über mehrere Orte verteilt, die jeweils einige zig Kilometer voneinander entfernt liegen. Das Gebiet erstreckt sich südlich von Tindouf und unweit der Grenzen zu Marokko und Mauretanien ganz nahe der Grenze zur Westsahara, dem Heimatland dieser Menschen. Diese einst spanische Kolonie ist bis auf einen schmalen Streifen entlang der mauretanischen Grenze seit 1975 weitgehend von Marokko besetzt. Die Gegend ist absolutes Wüstenland ohne jede Vegetation, fast völlig wasserlos. Ich kann mich nicht erinnern, dort eine Vogelstimme gehört zu haben! Die Lager gleichen riesigen Gefängnissen, deren Mauern die umliegende Wüste bildet. Die Bevölkerung lebt ausschließlich von internationaler Hilfe und leidet dramatisch unter Hunger und dadurch bedingten Epidemiegefahren. Am meisten sind die Kinder davon betroffen, deren Sterblichkeit infolge der unzureichenden Ernährung der Mütter und der Schwangeren erschreckend hoch ist. Weder für die Jugendlichen, die alle schon in den Lagern auf die Welt gekommen sind, noch für die Erwachsenen gibt es Arbeit oder eine Zukunft. Müssen sie erst wieder zu den Waffen greifen, um sich Gehör zu verschaffen?

Trotz UNO-Resolutionen, die wie für andere ehemalige Kolonien auch hier eine Volksabstimmung fordern, hat man der Bevölkerung bisher das Recht auf Selbstbestimmung verweigert. Weshalb nur? Mehr als drei Jahrzehnte nach der Vertreibung aus ihrem Land leben diese Flüchtlinge noch immer auf algerischem Boden in Lagern und warten auf Gerechtigkeit. Ein Volk im Exil und ohne Land wartet – von der internationalen Szene praktisch völlig ignoriert – auf die Stunde seiner Befreiung. Zehntausende von Menschen sind der elementarsten Würde beraubt, die im Zugeständnis der Daseinsberechtigung als freies Volk auf dem Boden der einstigen Heimat bestehen würde. Ein solches Recht darf niemandem verweigert werden: *„Frei sein von Elend, Sicherung des Lebensunterhalts, Gesundheit, eine feste Beschäftigung, größere Teilhabe an der Verantwortung jenseits von Unterdrückung, Schutz vor Situationen, die seine Würde als Mensch verletzen, ständig wachsende Leistungsfähigkeit, bessere Bildung, mit einem Wort: mehr arbeiten, mehr lernen, mehr besitzen, um mehr zu gelten, das ist die Sehnsucht des Menschen von heute, und doch ist eine große Zahl von ihnen dazu verurteilt, unter Bedingungen zu leben, die dieses Verlangen illusorisch machen."* So lautet ein Zitat aus der Enzyklika *Populorum progressio* von 1967. Der vierzigste Jahrestag der Veröffentlichung dieser großen Enzyklika Papst Pauls VI. über die Entwicklung der Völker liegt längst hinter uns, aber ihre Aktualität schreit uns geradezu ins Gesicht! Bleibt der Appell die Stimme eines Rufers in der Wüste?

Die Wüste als Lebensraum von Charles de Foucauld

Schon vor mehr als einem Jahrhundert hatte sich Charles de Foucauld auf den Weg gemacht, die Wüste zu Fuß zu durchwandern bis hin zu den Entferntesten und Ärmsten, weil er ihnen nahe sein und ihr Leben teilen wollte. Noch heute zeichnet sich sein Bild als das eines Wanderers im Dienst des Unendlichen mit Licht und Schatten am Horizont ab.

Seit seiner Seligsprechung wurde ich oft gebeten, von ihm zu sprechen. Hier möchte ich gern auf das eingehen, was meiner Meinung nach aus seinem spirituellen Erbe unsere eigene christliche Berufung hier und heute in der Sahara am meisten kennzeichnet. Ich kann zwar nicht als Spezialist und besonderer Sachkenner oder als Bischof gar gewissermaßen *„ex cathedra"* von ihm sprechen, aber ich kann in den Spuren lesen, die er im Sand unseres Lebens hinterlassen hat.

Wie so viele junge Menschen meines Alters war auch ich schon früh fasziniert vom Weg dieses Gottesmannes, dessen hartes Leben mir allerdings eher bewunderns- als nachahmenswert schien. Mit meiner Bischofsernennung übernahm ich auch die „Akte" seiner kurz bevorstehenden Seligsprechung. Die zum Abschluss des Verfahrens erforderliche Anerkennung eines Wunders fand am Tag nach meiner Weihe statt! Von diesem Mann der Wüste, einst ein der Spionage verdächtigter Soldat, zugleich aber auch Eremit, Missionar, Entdecker, Sprachforscher und begeisterter Jesusnachfolger, möchte ich vor allem das nachzeichnen, was wir heute aus seinem prophetischen Erbe zu leben versuchen.

Als Erstes ist da seine tiefe innere Verbundenheit mit Jesus, seinem „geliebten Bruder und Herrn", zu nennen. Nichts Außergewöhnliches, mag mancher denken, denn was sollte man von einem Mann Gottes anderes erwarten? Außergewöhnlich aber war, wie er diese

Verbundenheit unbeugsam gegen alle Widerstände – selbst in Einsamkeit, Ferne und Prüfung – lebte und sein ganzes Leben hindurch an jener geradezu verbissenen Liebe zu dem Geliebten festhielt, ohne jemals den heiß ersehnten und immer schon besetzten letzten Platz einnehmen zu dürfen. Und der Geliebte blieb stumm!

Heute gilt dieser Ruf uns, und er trifft uns in unserem Alltagsleben. Wir dürfen nicht vergessen, dass es Muslime waren, die Charles de Foucauld zum Glauben seiner Kindheit zurückführten. Wie oft werden auch wir von ihnen herausgefordert und auf das Wesentliche unseres christlichen Glaubens verwiesen! Auf die Frage, was sie am Leben von Bruder Charles am meisten beeindruck habe, antwortete mir eine junge Algerierin: „Er hatte eigentlich alles, aber dann ließ er alles zurück für etwas, das er nicht besaß!"

Ein zweites Merkmal, das ich gerne hervorhebe, ist sein unermüdliches Bemühen um Inkarnation und Nähe durch das Lernen der Sprache ebenso wie durch das Eintauchen und Sich-Einarbeiten in die Kultur des anderen. Wir übersehen oft, dass er ein wissenschaftlich gebildeter Mann war. Zu den Tuareg ging er jedoch nicht, um ihnen Französisch als die Sprache der Besatzungsmacht beizubringen, sondern um selbst bei ihnen in die Schule zu gehen. Wie viele Stunden hat er Tag und Nacht im Studium verbracht trotz allem, was es sonst zu tun gab! Er verfasste ein vierbändiges Wörterbuch mit einer Fülle an Details und sammelte und übersetzte an die sechstausend Gedichtverse aus der Sprache der Tuareg, keineswegs nur mystische Texte, sondern Gedichte über kriegerische Heldentaten, über den Geliebten und seine Schöne, über die Schönheit der Kamele und die Fruchtbarkeit der Herden!

Charles de Foucauld erinnert uns, wie wichtig es ist, dass wir unablässig in die Schule der Sprache und Kultur des anderen gehen, um sein Leben bis in die Einzelheiten kennenzulernen.

Mit Vorliebe ging er zu den Ärmsten in seiner Umgebung. Ihretwegen war er in die Wüste gekommen, um im echten Bemühen um menschlichen Fortschritt sein eigenes Leben mit ihrem Leben zu verflechten. Er war nicht aus persönlicher Vorliebe für die Einsamkeit und die Wüste losgezogen. Er drang deshalb so tief in diesen Raum vor, weil er aus Liebe zu Jesus auch noch die Entferntesten erreichen wollte. So blieb er jahrelang mitten unter den Armen und Verlassenen und kämpfte gemeinsam mit ihnen gegen die ständig wiederkehrenden Dürrezeiten. Während einer Hungersnot verteilte er sogar alle seine eigenen Lebensmittel an andere, und es waren die Menschen aus seiner Umgebung, die ihm mit der eigentlich für die eigenen Kinder bestimmten Milch von ihren mageren Ziegen das Leben retteten!

Wir lernen daraus, wie unschätzbar wertvoll all das ist, was wir von den Ärmsten empfangen, mit denen wir zusammenleben. Wir sind keine Armen im Sinn des Evangeliums, solange wir nicht bereit sind, auch von den Ärmsten etwas entgegenzunehmen und das Lebensnotwendige mit ihnen zu teilen. Wenn wir vom Armen etwas empfangen, geben wir ihm damit zugleich ein Mehr an Würde zurück.

Eine weitere Dimension aus seinem Erbe, die bis ins Tiefste unseres Glaubens hineinreicht, ist sein eucharistisches Leben. Jesus hat sich ausgeliefert und sich in unsere Hände gegeben als das lebendige Brot für das Leben der Welt. Charles de Foucauld feierte als Priester regelmäßig die Eucharistie. Auch völlig allein feierte er diese Liturgie – für die ganze Welt und für seine nicht sichtbar anwesenden und doch immer präsenten Nachbarn. Er zelebrierte die Messe für die Christen seiner Umgebung, vor allem für die in der Nähe stationierten Soldaten. Gerade Letzteres fiel ihm sicherlich nicht ganz leicht, weil er vor allem für die Geringsten und Ärmsten da sein wollte. Lange Stunden verbrachte er in der Anbetung, in der er sich selbst sowie alles Schöne und Elend dieser Welt vor den im eucharistischen Brot gegenwärtigen Herrn, vor die „unsichtbare Ikone", trug. Für ihn war es unsagbar schmerzlich, fünf Jahre lang die Messe nicht feiern zu dürfen. Nur durch seine immer wieder erneuerte Liebe zum Nächsten und zum entstelltesten Menschen konnte er dies durchhalten. Im Gesicht seines Mitmenschen durfte er das Antlitz seines Herrn wiedererkennen.

Schließlich wollte er sich als „Bruder aller Menschen" erweisen. Das von ihm ganz allein bewohnte Haus nannte er „Bruderschaft". Seine Tür stand jedem offen, ob arm oder reich, ob Tuareg oder französischer Soldat, Frau oder Mann, Agnostiker, Christ oder Muslim. Auch der *Bordj*, jenes kleine Fort, in dem er ermordet wurde, war letztlich nicht viel mehr als eine armselige Zufluchtsstätte. Er hatte es zum Schutz seiner Nachbarn gebaut, aber für ihn selbst wurde es zum Gefängnis und zum Grab – Geheimnis eines nicht eben glorreichen Todes für einen Mann, der doch so universal für alle offen sein wollte! Er war befangen im damaligen nationalistischen Denken, das man aus heutiger Sicht nur als engstirnig bezeichnen kann. Es entsprach der Denkweise zur Zeit des ersten Weltkriegs, doch blieb so die Herausforderung einer „universalen Brüderlichkeit" eine noch offene und unvollendete Seite an ihm, die wir heute fortzuschreiben haben! Noch ist offen, was aus seinem Erbe werden wird und was wir selbst aus den vielen Herausforderungen machen werden.

Wir kommen damit ans Ende einer langen menschlichen, geografischen, spirituellen und sozialen Reise. Es ist nicht ganz leicht, das in der Tat ziemlich „untypische" Lebensmilieu zu beschreiben, in dem sich unser Alltag abspielt. Man wird den Islam nur verstehen können, wenn man die Menschen liebt, die sich auf ihn berufen und im Herzen an ihm festhalten. Auch die Wüste kann man nur verstehen, indem man sich in sie hineinbegibt und zugleich akzeptiert, dass sie sich immer wieder entzieht, so wie der Sand zwischen den Fingern zerrinnt.

Islam und Wüste, das sind die beiden Dimensionen, von denen unser Alltagsleben und auch unsere christliche Berufung zutiefst geprägt sind. Sie haben viel gemeinsam, ja teilweise durchdringen sie sich geradezu, und das durch Menschen. Vom Islam können wir nicht sprechen, ohne die Menschen vor Augen zu haben, die aus ihm leben. Auch von der Wüste können wir nicht wie von einer romantischen Realität reden. Ich glaube, es hat sich gelohnt, ihr ein Kapitel zu widmen. Beide machen sie, um mit Teilhard de Chardin zu sprechen, jenes „göttliche Milieu" aus, in dem unsere Existenz wurzelt.

Auf den folgenden Seiten möchte ich nun noch etwas näher unsere Kirche der Sahara vorstellen, die hier ihre Wurzeln hat. Vielleicht werden Sie als Leserinnen und Leser dann den Sinn und die Berufung unserer Kirche besser begreifen können. Wenn Sie möchten, soll unsere gemeinsame meditative Reise also noch weitergehen durch die Weiten und Tiefen der Räume, von denen schon die Rede war.

V

In Sandsturm und Geisteswehen

Immer wenn es um die Nachfolge für den Bischof der Sahara geht – der kanonische Name lautet „Diözese Laghouat", obwohl heute Ghardaia der Bischofssitz ist –, werden vor allem im Norden des Landes Stimmen laut, die meinen, ein so kleines Bistum brauche nun wirklich keinen eigenen Bischof. Demnach hätte die Diözese an sich keine Daseinsberechtigung mehr! Ich will hier gar nicht weiter auf die geografische Größe hinweisen, obwohl zwei Millionen Quadratkilometer unserer Erdoberfläche ja keine Kleinigkeit sind, noch will ich die Bevölkerungszahl von schätzungsweise dreieinhalb Millionen ins Spiel bringen. Ich mache mich eher zum Anwalt ihrer Bescheidenheit! Die etwa hundert christlichen Frauen und Männer, die an elf Orten verstreut mitten unter dieser Bevölkerung und in einer so immensen und großartigen Region leben, verdienen sehr wohl den Namen „Ortskirche".

Zu Augustinus Zeiten gab es im heutigen Algerien mehrere hundert Diözesen, die nicht viel größer waren als heutige Pfarreien in Europa. Was mich schon bei meinem Amtsantritt und am Beginn meiner Rundreisen zutiefst motivierte, war die außerordentliche Lebendigkeit dieser Diözese. Jahrelang war ich nicht in den Süden gekommen und war nun geradezu fasziniert von der hier ausströmenden Lebendigkeit; und so nahm ich diese kleine Kirche ohne Zögern mit hinein in das neue Abenteuer, so wie ein Bräutigam seine Geliebte entführt. Wirklich, es war so! Ich war wie verzaubert, und seit ich den Ring am Finger trage, ist dieser Zauber nicht geschwunden, auch wenn die Flitterwochen längst vorüber sind!

Ganz unter uns, und ich werde es bestimmt sonst niemandem weitersagen: Ich bin überzeugt, man hat mir die schönste Diözese der ganzen Welt anvertraut! Ein Sprichwort hier sagt: „*Kull khenfousa wouldha ghezzala:* Jeder Mistkäfer hält sein Kind für eine Gazelle." Aber unsere Kirche der Sahara ist wirklich so schön wie eine Gazelle!

Zu einer Diözese gehören ein Gebiet, ein lebendiger Leib und eine Seele. Genauere Daten dazu? Leben kann man nicht in Zahlen ausdrücken, und meine Sekretärin gerät immer in Verlegenheit, wenn sie den römischen Kongregationen unsere Jahresstatistik zuschicken soll. Wir sind eine Kirche für alle, für Christen, Muslime, Männer, Frauen, Glaubende und Nichtglaubende. Kirche ist kein Selbstzweck und nicht dazu da, bequem vor sich hinzuleben. Wenn sie sich in ihre vier Wände zurückzieht, wird sie ersticken, allmählich verschwinden oder verkalken. Deshalb darf man unsere Christengemeinde nicht von dem Volk trennen, in dem sie ihre Daseinsberechtigung und ihren Sinn findet. In ihm hat sie ja ihren Grund und Boden. Wenn wir schon länger als ein Jahrhundert hier sind, dann nicht als Überbleibsel aus der Kolonialzeit, sondern aufgrund unserer vielen Bindungen der Freundschaft und Solidarität, die im Lauf der Zeit unter dem Blick und Schutz eines Gottes entstanden sind, der ein Gott für alle ist und den niemand für sich vereinnahmen darf. Unsere Präsenz hier ist Ausdruck einer Liebesgeschichte und nichts weniger!

Im vorigen Kapitel sind wir gemeinsam durch die immensen geografischen und menschlichen Räume gezogen. Daran will ich nun mehr beschreibend, vielleicht aber auch etwas prosaischer, anknüpfen. Für viele Menschen, mit denen wir zu tun haben, sind wir oft immer noch so geheimnisvoll, dass es mir wichtig scheint, ein paar nüchterne Fakten zu benennen und zu erzählen, wo wir eigentlich leben, wer wir sind und was wir machen. Gerade dieser letzte Aspekt wirft ja immer wieder Fragen auf.

Die Sahara, ein Land der Gastfreundschaft und der tiefen Wurzeln

Ich will hier nicht aus der Sicht eines Soziologen, eines Wirtschaftswissenschaftlers und schon gar eines Eigentümers schreiben, auch wenn ich mich manchmal selbst dabei ertappe, dass ich von „meiner" Diözese spreche, sondern aus der Sicht eines Gastes, dem in dem Land, wo er Wurzeln geschlagen hat, nichts von dem fremd sein sollte, was das konkrete Leben ausmacht.

Geografisch gesehen umfasst unsere Diözese die gesamte algerische Sahara samt den Hochplateaus und dem Atlasgebirge. Ein riesiges Gebiet mit extrem unterschiedlichen Landschaften von Norden nach Süden. Je nach Jahreszeit kann man hier vor Hitze oder vor Kälte umkommen, kann man im Schnee oder auch im Sandsturm steckenbleiben. Die Sahara besteht nicht nur aus Dünen, sondern auch aus Bergmassiven wie dem Atlas und aus steinigen Plateaus wie dem weit sich erstreckenden Tademait mit seiner Fläche von mehreren hunderttausend Quadratkilometern. Zu ihr gehören die schroffen Vulkankegel des Hoggar ebenso wie die Granitberge des Tassili. Die Oasen haben sich inzwischen zu großen Städten entwickelt, die auch mit ihren Vorstadtproblemen zu kämpfen haben! Von wenigen Ausnahmen abgesehen ist das Bild von der zwischen Dünen versteckt liegenden friedvollen kleinen Oase unter Palmen und von den durch heißen Sand ziehenden Karawanen nur noch ein schöner Traum aus der Vergangenheit.

Die Bevölkerung dieser riesigen Region dürfte sich auf etwa dreieinhalb Millionen Einwohner beziffern. Eine Volkszählung soll demnächst genauere Zahlen ermitteln.

Vor einigen tausend Jahren bot die Sahara das Bild einer schönen und tierreichen Steppe. Sie war schon damals von prähistorischen Stämmen bevölkert, deren Ursprünge sich in der Vorzeit verlieren.

Eindrucksvolle Spuren aus dieser Epoche zeugen von sehr früher Zivilisation – man denke nur an die berühmten Höhlenmalereien im Tassili, an die Felsgravuren auf den Hochplateaus oder an die zahlreichen Werkzeugfunde aus der Steinzeit. In historischer Zeit gehörte ein Großteil der Bevölkerung zur schwarzen oder auch nilotischen Rasse mit Berbersprache, meist Zeneten genannt. Der Kern dieser Kultur ist erhalten geblieben, allerdings wurden die Berberdialekte weitgehend von der arabischen Sprache verdrängt, und nur noch ein Teil der Berber beherrscht die alte Muttersprache. Das gilt auch für die Tuareg, für Teile der Bewohner des Gourara in Ouargla und Ghardaia. Der überwiegende Teil der Bevölkerung spricht inzwischen einen arabischen Dialekt, der sich aufgrund von Schulunterricht, Presse und einer wachsenden Zahl von arabischsprachigen Fernsehsendern ständig weiterentwickelt und zunehmend unter den Einfluss des literarischen Arabisch gerät.

In den letzten beiden Jahrzehnten hat sich die Bevölkerung stark verändert. Während der 90er-Jahre mit ihren Wellen von Terror und Gewalt suchten viele Leute aus dem Norden Zuflucht in den weiten, als ruhiger und gastfreundlicher geltenden Regionen des Südens. Auch die Arbeitssuche ließ zahlreiche junge Menschen nach Süden auswandern. Viele gründeten dort Familien und ließen sich auf Dauer nieder.

In den Oasen stößt man nun auf eine sehr „gemischte" Bevölkerung, wenngleich die Alteingesessenen die Ankunft von Neuankömmlingen nicht nur lachenden Auges beobachten, weil sie ihnen, wie sie meinen, Arbeitsplätze wegnehmen und die Städte vergrößern, die ohnehin schon unter Wachstumsproblemen zu leiden haben. Als Folge hat sich auch der spezifische Charakter der Oasen stark verändert. Was soll man zu einer Stadt wie Tamanrasset sagen? Zu Zeiten von Charles de Foucauld war sie ein kleines Dorf aus wenigen Familien, die damals in Zribas, in schlichten Schilfhütten hausten.

Heute ist Tamanrasset eine große Stadt mit rund hunderttausend Einwohnern, Asyl oder Heimat für Bevölkerungsteile aus der Kabylei und von den Hochplateaus und obendrein Durchgangsstation für Migranten aus schwarzafrikanischen Ländern, die versuchen, bis in europäische Länder zu gelangen. Diese Veränderungen sind das Ergebnis eines umfassenden Entwicklungsprozesses. Wie andere Regionen bleibt auch die Sahara von der Globalisierung nicht verschont.

Noch aber haben sich traditionelle Stammesstrukturen in der ursprünglichen Bevölkerung nicht aufgelöst, und im Vergleich zu den Städten im Norden ist die Familie hier noch weniger von Auflösung bedroht. Noch bildet sie einen Bezugsrahmen für Zugehörigkeitsgefühle und Solidarität. Für die neu zugewanderte Bevölkerung gilt das schon weit weniger. Bei ihr ist ein Großteil der Orientierung an Stammes- und Familienkulturen einer rücksichtsloseren Entwicklung zum Opfer gefallen. Sie ist dadurch anfälliger, und es mangelt an jener Solidarität, die man mitunter auch die Sozialversicherung der Armen genannt hat.

Die Wüste zwischen Reichtum und Armut

Die größten wirtschaftlichen Reichtümer auf algerischem Boden findet man in der Sahara. Aus Erdöl und Erdgas bestreitet das Land mehr als 90 Prozent seiner Einnahmen. Beim heutigen Barrelpreis von ca.100 Dollar und mehr wird mit dem Erdöl jährlich ein Gewinn von über fünfzig Milliarden Dollar erwirtschaftet. Diesem „Manna" hat Algerien es zu verdanken, dass es zu den wenigen Ländern der Erde zählt, die nahezu alle Auslandsschulden tilgen konnten. Davon hat auch die Infrastruktur des Landes profitiert: Pläne sehen bis 2010 landesweit den Neubau von einer Million Wohnungen vor, Straßen werden gebaut und gewartet, Wasserleitungen in den Städten erneuert und instand gehalten, es gibt neue Einrichtungen und öffentliche Gebäude und vieles mehr.

Der finanzielle Gewinn schafft aber kaum oder gar keine neuen Arbeitsplätze. Und so werden Erdöl und Gas zugleich zum Segen und Fluch für das Land! Die Arbeitslosigkeit entzieht weiterhin einer ausgesprochen jungen Bevölkerung den Boden, zumal sie für die Tätigkeit auf den Erdölfeldern oder in der Erdölindustrie nicht genügend ausgebildet ist. Die wirtschaftlichen Verantwortungsträger verweisen auf die Zwänge der Marktgesetze, und die großen Erdölkonzerne ziehen oft billigere Arbeitskräfte aus dem Ausland vor, die leichter steuerbar und besser ausgebildet sind. Von Zeit zu Zeit kommt es zu Protesten der Bevölkerung vor Ort und vereinzelt sogar zu Unruhen wegen der Arbeitsplatzvergabe an Ausländer oder an Leute aus dem Norden, wo auch die wirtschaftlichen Entscheidungsträger ihren Sitz haben. Der Mangel an Arbeitsplätzen drängt eine erhebliche Zahl von Erwachsenen zur Abwanderung oder gar zum gefährlichen Abenteuer, auf eigene Faust das Mittelmeer zu überqueren.

Währenddessen werden auch hier in unserer Region einige Großprojekte in Angriff genommen. Ein Riesenproblem ist vielerorts die Abwasserentsorgung, so beispielsweise in Ouargla, einer Oase mit fast zweihunderttausend Einwohnern, wo man das Abwasser mit Pumpen etwa fünfzig Kilometer weit ableitet. Ähnliches gilt für die Trinkwasserversorgung etwa in Tamanrasset, das durch ein Kanalsystem über etwa sechshundert Kilometer hinweg von In Salah aus versorgt werden muss. Eine Eisenbahnlinie Richtung Westen ist im Bau und soll künftig Oran mit Beschar verbinden. Zu allem kommt die Instandhaltung eines Straßennetzes von mehreren tausend Kilometern hinzu, die Förderung der landwirtschaftlichen Entwicklung durch die Subvention von Neuprojekten und der Wohnungsbau als Antwort auf die zunehmende Verstädterung.

Eine weitere, etwas bescheidenere, für den regionalen Binnenmarkt jedoch bedeutsame Einkommensquelle ist die Landwirtschaft, die gegenwärtig neu im Aufschwung ist. In diesem Bereich gab es großartige Fortschritte, aber auch bedauerliche Fehlschläge aufgrund mangelnder Nachhaltigkeit. Der Staat fördert zwar mit Starthilfen neue landwirtschaftliche Vorhaben, übt dann aber zu wenig Kontrolle aus. Auch bei der Viehzucht ist ein nie gekannter Umbruch zu beobachten. Zwar fielen in den letzten Jahren in der nördlichen Sahara und auf den Hochebenen ziemlich ausgiebige Niederschläge, doch breitet sich die Wüste weiter aus, und immer wieder kommt es zu Dürreperioden. Während der finsteren Jahre der Unsicherheit hatte sich die Zahl der Hirtenfamilien verringert, mancherorts bis zum völligen Verschwinden. Immer seltener trifft man in der Sahara heute noch auf Zelte. Zunehmend werden große Herden per Lastwagen von Ort zu Ort transportiert und auch mit Wasser versorgt. Sie gehören reichen Viehhändlern und werden nicht mehr von Familien gehütet, sondern von angestellten Hirten, die unter extrem schweren Bedingungen leben. Diese Entwicklung wird zusätzlich durch das Bestreben der Familien verstärkt, um der Schulausbildung der Kinder willen näher an die städtischen Zentren heranzurücken, was natürlich ebenfalls wieder zur rascheren Expansion der Städte beiträgt und für die Familien die Chancen einer menschenwürdigen Lebensführung mindert.

Auch wenn der Tourismus eher eine unbedeutende und zufällige Randerscheinung ist, so hat er doch im Hoggar und Tassili deutlich zugenommen, und zwar nicht nur wegen der Seligsprechung von Charles de Foucauld, sondern auch, weil es dort wieder sicherer geworden ist. Davon haben vor allem die Fluggesellschaften und die vielen Reisebüros in Djanet und Tamanrasset profitiert. Meist handelt es sich hierbei um einen relativ kostspieligen Tourismus mit Wander- und Trekkingtouren, der keine sonderlich umfangreichen Strukturen der Unterbringung benötigt. Die Schwerpunkte dieses

Tourismus liegen weit im Süden, doch wurden durch rebellierende Tuareg der Nachbarländer auch seine Anfälligkeiten deutlich. Der noch wenig entwickelte „Binnentourismus" bleibt bisher die Sache von wenigen Privilegierten, die im Übrigen im Sommer die nördlichen Strände dem tiefen Süden vorziehen, wo die Hitze mancherorts 45° im Schatten übersteigen kann.

Das kulturelle und religiöse Leben unter den Vorzeichen der Globalisierung

Seit zehn Jahren etwa tauchen immer mehr „Schüsseln" auf Dächern und Terrassen auf, ausgerichtet auf Satelliten jeglicher Couleur. Damit hält die große weite Welt ihren Einzug bis in die Wohnungen und liefert Spektakel aller Arten frei Haus. Über das Fernsehen ist die „Globalisierung" bis in die meisten Familien vorgedrungen. Die Ausrichtung auf arabische und französischsprachige Sender trägt mit dazu bei, die Kluft zwischen dem oft pauschal mit der christlichen Welt gleichgesetzten Abendland und dem als muslimisch aufgefassten Orient noch zu vertiefen. Auch lokale Rundfunksender haben sich vermehrt und lassen die Stadtbevölkerung an den Ereignissen der eigenen Stadt unmittelbarer teilnehmen.

Mit Internet und Handy sind zwei weitere Kommunikations- und Informationsmedien in unsere Gesellschaften eingedrungen. Letzteres verdrängt zunehmend die unter dem Konkurrenzdruck kürzlich erst modernisierten Telefonzellen. Das Handy ist inzwischen überall in der Bevölkerung verfügbar. Eine Beobachtung zur Veranschaulichung: Auf dem Marktplatz von Ghardaia bestimmten früher die Schafhändler das Bild, heute dagegen die An- und Verkäufer gebrauchter Handys. Immer mehr Netze holen die Oasen aus ihrer Isolation und bieten auch ihnen verschiedenste Kommunikationsmöglichkeiten, was wiederum Rückwirkungen hat auf die Art des Kommunizierens. Nicht selten sieht man heute, wie ein Tuareg im wankenden Rhythmus seines trottenden Kamels telefoniert, während das Telefonieren am Steuer verboten ist!

Mit dem Mobiltelefon haben auch Internet und Internetcafés ihren Einzug gehalten und breiten sich weiter aus. Die Kommunikation hat sich vervielfältigt und öffnet zusätzliche Fenster zur Welt. Nach und nach gelangen PCs in die Einzelhaushalte, und niemand kann sich der Entwicklung ganz entziehen, auch wenn sie einstweilen eher langsam vor sich geht. Viele Jugendliche haben jedenfalls heute ihre E-Mail-Adresse und surfen auf den Internetseiten, was wiederum Auswirkungen haben dürfte auf die weitere gesellschaftliche Entwicklung.

Im Süden wurden neue Schulen und Universitäten gegründet, deren Fächerangebot jedoch leider nicht immer den örtlichen Bedürfnissen entspricht. Sie ersparen vielen jungen Menschen die langen Wege zum Studium in den Städten des Nordens. Noch immer bilden Schulen und Universitäten künftige potenzielle Arbeitslose aus, die aufgrund des Arbeitsplatzmangels immer größere Mühe haben, sich in die Gesellschaft zu integrieren. Ihrer Würde beraubt, geraten sie leicht in Hoffnungslosigkeit oder fallen auf unterschiedlichste Zeitströmungen herein. Man kann nur hoffen, dass sich daraus nicht eine Art Zeitbombe für das Land entwickelt. Zum Überleben lassen sich viele auf kleine Jobs ein, die freilich nicht zum Aufbau einer eigenen Zukunft ausreichen.

Das religiöse Feld ist schwer zu überblicken und hat sich in den letzten Jahren erheblich verändert. Es kann je nach Stadtviertel, Ortschaft oder Moschee stark variieren, doch ist eine Entwicklung in Richtung einer säkularen Gesellschaft europäischen Stils nicht zu beobachten. Noch hat sich kein allgemeingültiges Modell für das gesellschaftliche Leben herausgeschält, doch scheint ein solches undenkbar ohne den ausdrücklichen Bezug zum Islam. Der Islam ist in der Tat eine Kultur, eine Komponente des gesellschaftlichen Lebens, ein spiritueller und religiöser Weg.

Man muss auch feststellen, dass es einen sehr traditionellen, bisweilen fundamentalistischen Islam immer noch gibt, der zwar seine gewaltbereite Seite abgelegt hat, der aber weiter den Traum von einer auf das islamische Gesetz der „Scharia" gegründeten Gesellschaft hegt. Zeichen dafür lassen sich an Veränderungen in der Bevölkerungslandschaft ablesen: Vor allem bei Frauen und Mädchen dominieren Kopftücher und islamische Kleidung, die übrigens mit viel Sinn für Eleganz durchaus den Modetrends folgen! Im Süden ist die Verschleierung fast durchgängig die Regel, aber man darf sie ebenso wenig wie sonstige „islamische" Kleidung als Zeichen für islamistische Tendenzen interpretieren. Beides ist ebenso kulturell wie religiös bedingt. Man möchte sich eindeutig vom Westen absetzen und die eigene Identität hochhalten.

Die Moscheen werden an Freitagen weiterhin stark besucht; die Feste werden sehr lebhaft gefeiert, auch wenn man zum Opferfest *Aid* nicht zuletzt aus Kostengründen immer seltener ein Schaf schlachtet. Im öffentlich-gesellschaftlichen Bereich hält man sich an die Regeln des Ramadan – auch heute noch eine Zeit der spirituellen Erneuerung und Organisation solidarischer Aktionen.

In unseren Sahararegionen bleibt der Islam stark im Volk verankert, auch wenn er sich durchaus unterschiedlich entwickelt. Er ist immer noch bestimmend für den sozialen und familiären Bereich. Er ist und bleibt Träger von Sinn oder Sinnsuche, und gerade diese Sinnsuche bildet zweifellos die tiefere Ebene, wo unsere Wege sich kreuzen.

Auch bei der Bruderschaftsbewegung ist eine „Renaissance" zu beobachten. Tatsächlich haben die *Zaouias*, die meist an den Grabstätten eines muslimischen Heiligen gelegenen Moscheen der Bruderschaften, eine starke Ausstrahlung auf den religiösen Bereich. Diese Entwicklung könnte dem Islam zu einer neuen volksnahen Basis verhelfen, die er durch die von außen kommenden islamistischen Strömungen verloren hatte. Durch die Bruderschaftsbewegung hat sich der Islam im Süden von Algerien und darüber hinaus ausgebreitet und sich so eine solide Basis im Volk verschafft. Die Renaissance der meist im eigenen Land entstandenen Bruderschaften stellt eine echte Alternative dar zu einer strengen islamistischen Praxis, wie sie oft von außen hereingetragen wurde. Mit ihrem Versuch der Öffnung zur Moderne, mit ihrem volkstümlichen Charakter und ihrer mystischen Ausrichtung öffnen sie vielfach Türen für einen stärker auf spiritueller Erfahrung als auf dem rein dogmatischen Austausch basierenden Dialog und bilden damit ein Hoffnungszeichen für die Zukunft.

Unsere Diözesankirche im Lebensrhythmus ihrer „Sektoren“

Nicht von ungefähr haben wir einen etwas ausführlicheren Blick auf die Lebenswelt in der Sahara gerichtet, die ja auch „unsere" eigene Welt ist: Hier sind wir beheimatet und eingewurzelt, hier leben wir nach besten Kräften gemäß unserer Berufung zur universalen Geschwisterlichkeit, hier treten wir in die Spuren Jesu und all derer, die uns vorausgegangen sind. Es ist etwas schwierig und riskant, unsere Diözesangemeinde zu präsentieren, deshalb möchte ich hier einfach weiterberichten, was ich selbst auf meinen Wanderungen und Besuchen von ihr „gesehen und gehört" oder als Echo über sie wahrgenommen habe. Bei der Reihenfolge halte ich mich an die Geografie der Sahara.

Seit langem schon lebt unsere Diözese im Rhythmus ihrer „Sektoren". Mit diesem etwas banalen Begriff bezeichnen wir die fünf großen

Regionen der Sahara, in denen wir präsent sind. Jeder Sektor hat sein ganz eigenes Gesicht je nach dem geografischen und religiösen Umfeld und den Personen vor Ort und ihren Berufungen und dem Eigencharakter der dort niedergelassenen Ordensgemeinschaften.

Der Hoggar[16]

Bei diesem Sektor denkt man sogleich an Charles de Foucauld, von dem in den letzten Jahren aufgrund seiner Seligsprechung mehr und mehr die Rede war. Diese kirchliche Zelle ist folglich vor allem von der „foucauldschen" Spiritualität geprägt: Es gibt drei Fraternitäten aus zwei verschiedenen Zweigen der Geistlichen Familie von Charles de Foucauld: In Tamanrasset und auf dem Assekrem, den beiden „Ursprungsstätten", leben die Kleinen Brüder Jesu, in Tamanrasset außerdem die Kleinen Schwestern vom Heiligsten Herzen.

Vor einigen Jahren musste eine Fraternität von Kleinen Brüdern in Tazrouk die Türen schließen und ebenso eine Fraternität der Kleinen Schwestern Jesu in Tamanrasset. Aber so ist unsere Geschichte: Was die Jünger Charles de Foucaulds ausgesät haben, ist nun Gottes Sache und liegt nicht mehr in unserer Hand. Vielleicht muss die im Sand verstreute Saat noch Jahre warten, bis sie aufgehen und neue Sprossen treiben kann. Gott hat Geduld. Er wird die Dinge nach seinem Willen wachsen lassen.

Einer der Kleinen Brüder von „Tam" war dort auch der Pfarrer. Er wurde vor kurzem von einem *Fidei-Donum*-Priester[17] aus der französischen Diözese Vendée abgelöst. Drei Laien, darunter ein Ehe-

16 Bis zu 3000 m hohes Gebirge ca. 80 km nördlich von Tamanrasset

17 Im Sinn der Enzyklika „Fidei donum" (Geschenk des Glaubens) Pius XII. aus dem Jahr 1957 von den Diözesen in Missionsländer entsandte Priester. Anm. d. Üb.

paar, verstärken die kleine Gemeinschaft am Ort und engagieren sich in sehr unterschiedlichen Aufgaben, unter anderem in der Gästebetreuung im „Haus Bethanien", einer bescheidenen Unterkunft für Exerzitanten oder Pilger, die eine Zeit in Tamanrasset verbringen möchten. Die Aufnahme von durchreisenden Einzelpersonen und Gruppen – Pilgern, Touristen oder auch Migranten – nimmt im Leben der Gemeinde im Hoggar einen gewichtigen Rang ein. Reisende, die „auf den Spuren von Charles de Foucauld" zu Fuß unterwegs sind, werden von mehreren Reiseagenturen auf das Plateau des Assekrem hinaufgeführt – auf das Dach unserer Diözese in 2800 Metern Höhe, wo Charles de Foucauld eine Einsiedelei gebaut hatte und wo eine Fraternität fast täglich Pilger und Reisende empfängt. Den beeindruckten Besuchern bieten die Kleinen Brüder dort einen Ort des Staunens ob der überwältigenden Aussicht und einen Ort zum betenden Verweilen in der Kapelle der kleinen Einsiedelei, einem Ort echter Einkehr.

Der Westen: Saoura

Geografisch gesehen sind wir hier in der sandreichsten Zone der Sahara, also in der „femininen Wüste", von der ich sprach. Hier am Großen Erg gibt es mehrere Gemeinden.

In Adrar engagiert sich eine Gemeinschaft von Maristenschwestern im Sprachunterricht und in der Frauenarbeit; sie geben Nähunterricht in einigen Dörfern und Makrameeunterricht im eigenen Haus. Ein Priester aus der burgundischen Gemeinschaft von Pontigny ist mit ehrenamtlichem Unterricht und dem eucharistischen Dienst in der kleinen Ortsgemeinde reichlich ausgelastet.

Zusätzlich übernimmt er diesen Dienst auch in Timimoun, der malerischen Ortschaft mit ihren für die Sahara typischen roten Mauern.

Hier hat sich eine Gemeinschaft von „Weißen Schwestern" - Missionsschwestern Unserer lieben Frau von Afrika – angesiedelt und bietet Nähkurse für Frauengruppen bis in einige verlassene Dörfer der Umgebung hinein an. Eine der Schwestern betreut als ehemalige Krankenschwester notleidende Familien und pflegt ein behindertes Familienmitglied.

Fährt man noch weiter ganz nach Westen, trifft man in Beni Abbès auf zwei weitere Fraternitäten der Foucauld-Familie, die Kleinen Schwestern Jesu und die Kleinen Brüder vom Evangelium. Beni Abbès war die erste Station von Bruder Karl im Süden Algeriens. Hier lebte er einige Jahre und baute eine Einsiedelei, ehe er nach Tamanrasset übersiedelte. Es ist ein besonders eindrucksvoller Ort, der Frieden und innere Ruhe ausstrahlt. Mit ihrer mehr kontemplativen Ausrichtung nehmen beide Fraternitäten wie auch die anderen foucauldschen Fraternitäten Personen in ihren Ordensgemeinschaften zu Exerzitien auf, bieten aber auch durchreisenden Besuchern meist aus dem Inland eine Unterkunft. Die Kleinen Schwestern und Kleinen Brüder haben sich hier durch die Arbeit in verschiedenen Diensten, wie etwa im Gartenbau, eingewurzelt und bieten eine Anlaufstelle für die Nachbarschaft, während die Schwestern auch junge Frauen in ihrem kleinen Handwerksbetrieb am Ort beschäftigen.

Der Atlas und die Hochebenen im Nordwesten

Das Städtchen Ain Sefra ist stark vom langjährigen Wirken des Weißen Vaters François Cominardi geprägt, der hier mit seinen phänomenalen Begabungen als Prähistoriker, Historiker, Soziologe, Geograf und Forscher in allen Bereichen obendrein als eine Art „Mutter Teresa" gewirkt hat. Fast vierzig Jahre lang lebte er in dieser Stadt im Saharaatlas, bis ihn seine schwere Krankheit aus dem Kreis seiner Lieben riss. Drei Franziskanerinnen von Maria traten bald danach die Nachfolge an – drei Frauen als Nachfolgerinnen für einen Mann, und was für einen! Mit der Unterstützung vieler Freunde ist es den Schwestern gelungen, sich vielfach einzusetzen, wo immer ihre Kompetenz auf entsprechende Nachfrage trifft, ganz im Erbe und im Sinn ihres Vorgängers, der ja den bezeichnenden Namen François trug! Im Geist des Armen von Assisi ist Gottes Liebe eben erfinderisch!

Durchqueren wir den Atlas nach Norden hin, kommen wir nach El Abiodh. Hier hatten sich zunächst zwei Fraternitäten der Kleinen Schwestern Jesu niedergelassen, eine davon in Zelten unter Nomaden. Das Nomadenleben mussten sie inzwischen aufgeben und zu der Fraternität im Dorf ziehen, so wie Nomadenfamilien auch sonst durch Unsicherheiten und den starken Wandel des Nomadentums zunehmend zur Sesshaftigkeit gedrängt werden.

Hier in dieser heute recht ausgedehnten Ortschaft hatte René Voillaume die erste Fraternität von Kleinen Brüdern Jesu gegründet. Die Zeiten haben sich seither stark geändert. Heute ist diese Gemeinschaft so klein, sodass wir an eine Nachfolge durch andere Kräfte denken müssen. Wie das geschehen soll, weiß Gott allein.

Von den Randzonen des Großen Erg zum Mzab-Tal

Machen wir einen Sprung über die vielen Dünen, Wadis und steinigen Plateaus bis nach El Goléa, zweihundertsiebzig Kilometer südlich von Ghardaia. Dieses Juwel einer Oase ist berühmt für seinen alten Ksar[18] und vor allem auch für den „Gründervater" seines re-

18 Auch qasr, traditionelle ländliche Befestigungsanlage der Berber im Maghreb (Anm. d. Ü.)

gionalen Museums für Paläontologie und Prähistorie, den Weißen Vater René Le Clerc, der im Januar 2010 verstorben ist. Die Verantwortlichen am Ort sind auf der Suche nach einem Nachfolger für ihn; doch wie soll man ein wandelndes Lexikon ersetzen? Père René betreute auch das Grab von Charles de Foucauld, den man seinem ausdrücklichen Verbot entgegen in dieser Oase begraben hat. Muss man Verstorbenen in allen Dingen Folge leisten? Père René war auch verantwortlich für die nahegelegene schöne kleine Kirche, die nach der Seligsprechung eigentlich den Titel einer Basilika verdient hätte! Schwestern von der mütterlichen Liebe aus dem Kongo haben hier mittlerweile die „Weißen Schwestern" abgelöst. Ihre Gemeinschaft hat mit einem ganz neuartigen und mutigen Experiment begonnen, bei dem jede Schwester je nach eigenen Kapazitäten voll und ganz auf die jeweils auftretenden Nöte eingehen kann, und solche Notlagen gibt es hier zur Genüge, etwa in der Frauenarbeit und in der Hilfe für behinderte Jugendliche.

Weiter nördlich führt eine grandiose Route – für mich die schönste Strecke überhaupt – hinunter in das Tal des M'Zab nach Ghardaia, eine im zwölften Jahrhundert gegründete Stadt, berühmt für ihre ganz eigentümliche Architektur, an der sich viele Architekten inspiriert haben. Seit mehr als einem Jahrhundert wirken hier zwei Gemeinschaften. Zum einen sind da die Weißen Väter mit einer Vielzahl von Aktivitäten unter anderem in der Aufnahme von zahlreichen Freunden und Besuchern; ein neues Besucherzentrum wird dafür demnächst fertiggestellt sein. Neben der Gästebetreuung sind Sprachkurse und eine Leihbücherei zu erwähnen. Der Gemeinschaft obliegt ferner die Leitung des CCDS, eines Kultur- und Dokumentationszentrums für die Sahara. Dieses Zentrum wurde nach und nach durch die Zusammenführung von Büchern aus verschiedenen Bibliotheken der Gemeinden unserer Diözese gebildet und wird jeweils durch Neuveröffentlichungen ergänzt. Es steht für Forscher zur Verfügung und bietet ab und zu Vorträge über Themen an, die das Leben in der Sahara berühren. Dabei werden wir hier unterstützt durch die Kompetenzen von Laien aus dem „DCC", einer Organisation des französischen Episkopats, die junge Ehrenamtliche in alle Weltgegenden entsendet. Die ebenfalls seit langem hier ansässigen „Weißen Schwestern" konnten kürzlich ihre Gemeinschaft verstärken. Eine von ihnen widmet sich aufmerksam und getreu ihrem Dienst im Gebet, eine zweite ist gewissermaßen der Dreh- und Angelpunkt für die Caritas unserer Diözese, eine dritte kümmert sich um unser Bistumssekretariat und ist für die Fortbildung verantwortlich, denn der Bischofssitz ist nach den vielen Jahren in Laghouat nun nach Ghardaia verlegt worden. Die übrigen Schwestern engagieren sich in unterschiedlichen Aufgaben, von denen es im Bereich der Diözese genügend gibt. Außerdem gehören zur christlichen Gemeinde noch zwei Laien, von denen einer mit viel Sachkenntnis die finanziellen Dinge im Bistum regelt.

An den Osträndern des Großen Erg

Wenn wir nun der aufgehenden Sonne entgegenfahren, führt uns die Straße nach langer Fahrt durch die Ebene steil abwärts nach Ouargla, die größte Stadt unserer Diözese. Hier haben sich die Kleinen Schwestern vom Heiligen Franziskus vor mehreren Jahren niedergelassen. Sie sind auch jetzt noch in ständiger Anpassung an die örtlichen Gegebenheiten in der Frauenförderung und in der Arbeit mit behinderten Kindern innerhalb der Stadt und in einigen umliegenden Dörfern tätig.

Endlich konnten wir hier nun auch das neue Haus der Weißen Väter beziehen, das anstelle des baufälligen Vorgängerbaus entstanden ist. Es steht nur ein paar Meter von der alten Moschee an dem kleinen Platz, wo schon die ersten Väter am Ende des neunzehnten Jahrhunderts eine Krankenstation und eine kleine Schule eröffnet hatten. Die jetzige Gemeinschaft setzt an gleicher Stelle und in den neuen Räumen ihre Aktivitäten im Bereich der Gästebetreuung fort, im Sprachenunterricht und in einer Leihbücherei. Wie viele Jugendliche und Erwachsene haben hier wohl schon dank der Sprachkenntnisse eines der Väter ihre ersten Arabischvokabeln gestottert, um von da an einen weiten Weg zu gehen!

Die Priester in dieser Gemeinde haben seit Beginn der Erdölförderung praktisch ununterbrochen und eifrig für den eucharistischen Dienst für ausländische Arbeiter und Techniker in unserer kleinen Kirche von Hassi Messaoud gesorgt.

Etwas weiter nördlich leben die Kleinen Schwestern in Touggourt an der „Wiege" ihrer Fraternität, und dies seit ihrer Gründung durch die Kleine Schwester Magdeleine. Die Fraternität hat sich allen Widrigkeiten zum Trotz behaupten können und bietet einen Ort der Versenkung in das Leben von Nazareth und in das Gebet. Für unsere christliche Gemeinde und für die ganze Welt sind sie, wie ihre Gründerin gern sagte, ein kostbares Geschenk.

In eine von den Weißen Väter hinterlassene Lücke ist hier neuerdings eine Gemeinschaft eingesprungen, die den „PIME-Missionaren[19]" angehört, einer im neunzehnten Jahrhundert in Italien gegründeten Kongregation. Sie machen trotz des fortgeschrittenen Alters eines ihrer Mitglieder gute Fortschritte beim Lernen der arabischen Sprache und fassen allmählich Wurzeln in einem sehr gastfreundlichen menschlichen Umfeld.

---

19 Abkürzung für *Pontifical Institute for Foreign Missions*, Anm. d. Üb.

Grundlagen im Evangelium für unsere Präsenz

Gebet, Eucharistie, Geschwisterlichkeit

Gebet, Eucharistie und geschwisterliches Leben bilden die beständigen und soliden Grundlagen unseres gemeinschaftlichen und persönlichen Lebens. Ohne sie könnten wir nicht bestehen. In diesem Sinn erklärten die Bischöfe Algeriens nach ihrer überdiözesanen Versammlung von 2004:

„Das Zeugnis einer Kirche beruht zuerst auf ihrer Fähigkeit zur Gründung von Gemeinschaften, deren Mitglieder Gottes Liebe mitteilen und ein Zeichen setzen für die Einheit in einer oft so zerrissenen Welt."

Gemeinsames Beten und die Feier der Eucharistie sind die treibende Kraft unserer Gemeinschaft und zugleich Ausgangspunkt unseres Zeugnisses. Hierin fühlen wir uns zutiefst im Einklang mit den Urgemeinden, die sich zum Lobpreis Gottes und zum Teilen des Brotes versammelten. Unsere Gemeinden verdanken ihre Vitalität zum Großteil unserer Treue zur Eucharistie, sei es in der täglichen Feier oder womöglich nur in Abständen. Was die Häufigkeit der Feiern betrifft, sind die Voraussetzungen von Ort zu Ort sehr verschieden, aber solche Unterschiede treten hinter der Qualität, die diese Feiern erfüllt, zurück. Die meisten von uns dürfen täglich Eucharistie feiern und wissen es zu schätzen. Andere werden durch das Fehlen oder die Seltenheit der Eucharistie noch in der Überzeugung bestärkt, dass diese Feiern stark über sich hinauswirken, denn die gemeinsame Messfeier ist für uns ja eine Aufforderung, nun selbst zum lebendigen Brot zu werden, das sich austeilt und das hingegeben wird „für das Leben der Welt".

Das Gebet hat einen hohen Stellenwert in unserem Gemeindeleben. Ob in Lobpreis, Anbetung oder Bitte, treffen wir uns hierin stets auch mit der Erfahrung der Frauen und Männer des Islam, deren Alltagsleben seinen Rhythmus durch das fünfmalige rituelle Gebet erhält. Unsere Fraternitäten und Gemeinschaften widmen einen gewichtigen Anteil ihrer Zeit der Anbetung. Für unsere Diözesankirche ist es eine außerordentliche Gnade, uns von ihnen in ihrer Berufung zur absichtslosen Hingabe mitgetragen zu wissen.

Der ausdrückliche geschwisterliche Austausch über unser geistliches Leben findet in den Gemeinschaften auf unterschiedliche Weise statt. Die Sektortreffen sind für uns kostbare Gelegenheiten, um solche Erfahrungen spürbarer zu machen. Unsere meist vierteljährlichen Treffen sind eine echte Herausforderung aufgrund der weiten Entfernungen wie auch wegen der nötigen Öffnung des eigenen Ichs. Dieser Preis bleibt niemandem erspart. Die Begeisterung für die Reise hängt mit ab von deren Länge, vor allem bei denen, die aus den entlegensten Gemeinden kommen. Aber allein schon die Tatsache, sich treffen zu können, hat ihren Wert. Angesichts der riesigen Entfernungen ist es nicht immer leicht, Referenten für die Leitung und Begleitung der Treffen zu gewinnen, aber mit Kreativität und Spontaneität findet sich stets ein Weg, etwaige Lücken auszufüllen. Solche Zeiten des Austauschs und der Tischgemeinschaft sind für uns unverzichtbar, um „Karawanen" – Weggemeinschaften – zu bilden, um uns miteinander zu verbinden, um gemeinsam über die Ränder unserer oft engen christlichen Gemeinden hinauszublicken und Quellen zu erschließen, die uns bei unserer Einwurzelung im Alltagsleben helfen.

Engagement im Dienst am Mitmenschen

Unser Dienen, die selbstlose Hinwendung zum anderen, ist die Stärke unserer Einheit. Erneut möchte ich aus dem gemeinsamen Brief der Bischöfe von 2004 zitieren:

„Eine solidarische Kirche ist nicht nur eine Kirche mit solidarischen Diensten, sondern eine Kirche, die diese solidarische Existenz durch ihr ganzes Leben zum Ausdruck bringt und in der jedes einzelne Mitglied die Nähe zu den Schwestern und Brüdern als seinen Mitmenschen spüren und leben will."

Es ist leicht gesagt, dass wir in besonderer Weise die Qualität des Seins und der Beziehung leben wollen, doch muss unser konkretes Engagement im Dienst am Mitmenschen unbedingt eine Dimension unseres Lebens bleiben, denn wie Abbé Pierre sagte, mündet jede Feier in die Selbsthingabe:

„Unsere Gemeinschaft im Sakrament kann für Gott wie für unsere Geschwister zum Ärgernis werden, wenn sie verkürzt und unvollständig bleibt, wenn sie nicht auch draußen, außerhalb der Kirche ergänzt wird durch die Gemeinschaft im Leid und in den Kämpfen unserer Mitmenschen. Erst dann wird unser Dank möglich und wird schließlich zur Eucharistie unserer ganzen Erde."

Qualität im Sein muss einhergehen mit unserem Dienst, mag er noch so bescheiden und unauffällig ausfallen. Wir können nicht anders leben als in dem Elan, der uns zum Mitmenschen und zum Dienst aneinander drängt. Es gibt keine reine Selbstlosigkeit, selbst wenn wir, wie Jesus im Evangelium sagt, als „unnütze Knechte" handeln, was wir erst dann von uns sagen können, wenn wir getan haben, was unsere Pflicht war!

Es bleibt für uns schmerzlich, dass wir oft nicht wirklich an diejenigen herankommen, die von Armut und Not am meisten betroffen sind. Wir machen uns da keine Illusionen, wir erreichen sie kaum. Aber zu unserem größten Erstaunen sind oft sie es, die uns ein Mehr an Qualität für unser Leben schenken, wenn wir lernen, in ihnen das unsichtbare Angesicht Jesu selbst zu erkennen.

Einwurzelung und Anpassung

Unsere menschliche Einwurzelung beginnt mit dem mühevollen, aber unumgänglichen Einüben und Lernen der Sprache. Da muss man als Erstes akzeptieren, dass man nichts weiß und wie ein Kind nur erste Worte stammeln kann! Diese Lehrzeit ist gleichzeitig auch eine Zeit der Einübung ins tägliche Leben und in gewisser Weise auch eine Zeit der Öffnung für die Andersartigkeit des Mitmenschen. Ihn bei sich aufnehmen heißt, seine Kultur in sich aufnehmen und ihn lieben mit dem, was ihn prägt, einschließlich der langen Tradition, die ihn auf Gott hin lenkt.

Wir sind keineswegs im „islamischen Ozean" verloren oder schon untergegangen, wie manche meinen, so als hätten wir unsere Identität aufgegeben. Unsere persönliche und gemeinschaftliche Ausstrahlung reicht weit über unsere kleine Zahl hinaus, aber sie bleibt unserem Zugriff völlig entzogen, und das ist auch gut so! Sie ist keine Sache von Taktik. Und solche Ausstrahlung, ob wahrnehmbar oder nicht, entspringt schlicht und einfach unserer Entschlossenheit, von Grund auf und unauffällig nur das zu „sein", was wir sind, statt nach Einfluss zu suchen. Sofern diese Entschlossenheit auf geschwisterlicher Liebe beruht, wäre es eine Verzerrung dieser Liebe, wenn wir damit den anderen umgarnen wollten, um ihn für uns zu gewinnen!

Die Einwurzelung in diesem Volk und die eifersüchtige Liebe zu allem, was es betrifft, gehören sicherlich zu den Merkmalen unserer Berufung. Ich kenne Frauen und Männer in unseren Gemeinden, die schon Jahrzehnte im Land leben, was bedeutet, dass unsere Gemeinden langjährige Erfahrung und den unermüdlichen Elan der Liebe in sich tragen. Zur Erfüllung unserer Berufung brauchen wir „Nachhaltigkeit", müssen wir Wurzeln schlagen vor Ort, müssen wir uns „einnisten", noch ehe man uns akzeptiert, wahrnimmt oder anerkennt. Manche von uns haben hier einen oder auch mehrere Berufe ausgeübt und sich nacheinander in verschiedenen Aufgaben engagiert; aber immer blieben sie getreu „vor Ort", und das lässt sich letzten Endes nur mit einer hartnäckigen Liebe erklären wie bei einem alten Ehepaar, dessen Liebe keine Falten bekommt.

Einige Familien aus unserem Umfeld kennen uns Patres und Schwestern und unsere christliche Gemeinde bestens seit Generationen, sodass wir in den Beziehungen zu ihnen auch das Erbe aus den Zeiten vor uns übernehmen. Wir ernten, wo wir nicht gesät haben. Vielleicht haben wir es der festen Verwurzelung am Ort zu verdanken, dass man uns – zu Recht oder Unrecht – manchmal als schweigende oder „Untergrundkirche" bezeichnet hat, näher am Leben Jesu in Nazareth als an seinen Erfahrungen im öffentlichen Leben.

Ich spreche hier übrigens nicht nur von uns Ordensleuten und Priestern, sondern auch von einer Anzahl von Laien, die von den Leuten meist ebenfalls als „Pater" oder „Schwester" angeredet werden, auch wenn sie vielleicht verheiratet sind! In dem Punkt nehmen es unsere muslimischen Freunde oft nicht so genau! Die Präsenz von Laien, Frauen und Männern, ist für unser christliches Zeugnis unverzichtbar, nur gibt es hier zu wenige von ihnen. Einige mit Muslimen verheiratete christliche Frauen wirken wie Scharniere für die Beziehung zwischen unseren Glaubensgemeinschaften. Solche Laien „entsakralisieren" gewissermaßen mit ihrer Präsenz die religiöse Berufung und holen sie von einem Podest herunter. Ein *Wali*, der Vorsteher eines algerischen Départements, gestand mir gegenüber einmal, er habe immer lieber mit einem meiner Laienmitarbeiter zu tun gehabt als mit einem Pater, weil die, wie er feinsinnig anfügte, „immer gleich meinen, sie hätten einen „heißen Draht zum lieben Gott".

Unsere am Evangelium orientierte Berufung spielt sich auf sehr menschlicher Ebene ab und nimmt erst dort Gestalt und Leben an.

An einem Diskussionsabend während einer Diözesansynode in der französischen Diözese Vendée fragte mich jemand, was uns am meisten dabei helfe durchzuhalten. Als Erstes sagte ich darauf, wir seien ja wohl keine Helden. Dann äußerte ich meine Überzeugung, dass wir nicht standhalten könnten, wäre nicht Jesus selbst unser Rückgrat, und zwar der Jesus, der uns im anderen begegnet, den wir im geringsten Mitmenschen erkennen, in unserer Nachbarin und unserem Nachbarn; der Jesus, den wir in der Eucharistie feiern, der Mensch gewordene Jesus, der uns manchmal genau dann längst voraus ist, wenn wir ihn großherzig dem anderen erst zu bringen und zu schenken meinen. Jesus erwischt uns immer wieder auf dem falschen Fuß!

Es wäre gefährlich, wenn wir bei dem in der Vergangenheit Erreichten stehenbleiben wollten: Unsere Einwurzelung braucht immer neue Nahrung und Stärkung, sonst verknöchert sie mit der Zeit. Sie braucht die Auseinandersetzung mit einer Welt, die sich immer rascher verändert. In der Vergangenheit stellte sich die Frage nach dem Sinn der gesellschaftlichen Entwicklung kaum oder gar nicht. In Zukunft hingegen wird es entscheidend darauf ankommen, uns auf globaler Ebene zu positionieren und wahrzunehmen, dass unsere Präsenz genau auf diesem Niveau Auswirkungen hat, ohne dass wir es selbst steuern können.

Wir sind weit davon entfernt zu meinen, wir könnten Geschichte schreiben, aber wir begeben uns in die Geschichte hinein, um gemeinsam mit den Frauen und Männern, die an eine andere und bessere Welt glauben, deren Sinn zu entziffern. Wir mussten Etappen und historische Situationen durchmachen, in denen uns nur die Wahl blieb zwischen Anpassen oder Fortgehen. Das war nur mithilfe eines Urteilsvermögens zu bewältigen, das allein aus der Quelle unseres Glaubens kommen konnte. Auch heute werden wir von Ereignissen erschüttert, die unsere Zukunft ganz unmittelbar betreffen. Da benötigen wir eine geradezu unendliche Geduld, um nicht die Arme sinken zu lassen, aber wir stellen auch fest, dass wir nicht allein unterwegs sind: Immer sind auch Frauen und Männer aus dem Islam mit uns auf dem gleichen Weg, und diese Gewissheit beflügelt uns.

Unser Engagement vor Ort

Ein kaum verhehlter Vorwurf an uns kommt immer wieder von Mitgliedern unserer katholischen Kirche, manchmal sogar von höherer hierarchischer Stelle: „Ihr verlegt euch aufs Humanitäre" und vernachlässigt dabei den Boden einer wahren Evangelisierung! Will man uns damit zum Vorwurf machen, dass wir uns um das Leben und die Zukunft der Menschen kümmern, die uns aufgenommen haben? Wollten wir uns in unsere Kirchen zurückziehen, würden wir darin ersticken und unsere innerste Berufung verfehlen. Und wo wären denn solche Kirchen überhaupt? Nur zwei von ihnen sind von außen als solche erkennbar, und die stehen außerhalb des wöchentlichen Gottesdienstes meistens leer. Wenn wir am gesellschaftlichen Engagement festhalten, tun wir es aus konkreter und realer Sorge um die menschliche Person, und zwar um jegliche menschliche Person, weil sie in den Augen Gottes von unschätzbarem Wert ist. Manche Autoritäten in diesem Land hätten gerade deswegen gern, dass wir uns in unsere Kirchen zurückziehen. Das ist aus manchen Maßnahmen der jüngeren Zeit wohl zu erkennen, die unser Engagement nach außen eingrenzen wollen[20], aber wir sind keine Art christliches „Super- Hilfswerk", sondern Frauen und Männer voller Sehnsucht danach, mit anderen zusammen an der Gestaltung einer menschlicheren Welt zu arbeiten.

20 So etwa das Präsidialdekret vom 28. Februar 2006

Unsere Welt braucht solche Erfahrungen der leeren Hände, der Schwachheit und Zerbrechlichkeit. Das sagt auch Papst Benedikt in seiner ersten Enzyklika *Deus caritas est*: *„Der Liebesdienst ist für die Kirche nicht eine Art Wohlfahrtsaktivität, die man auch anderen überlassen könnte, sondern er gehört zu ihrem Wesen, ist unverzichtbarer Wesensausdruck ihrer selbst."* (Nr. 25)

Vor einigen Monaten haben wir auf unserer jährlichen Diözesanversammlung die Leitlinien für ein gemeinsames Projekt entworfen. Unser „Diözesanprojekt" soll sich demnach auf die folgenden für uns wesentlichen Bereiche konzentrieren, die je nach Person, Berufung und Ort eine eigene Färbung bekommen können:

Der erste Bereich heißt Offenheit und Gastfreundschaft. In dem Punkt können wir Tag für Tag von unseren algerischen Schwestern und Brüdern lernen: „Der Gast ist ein Gast Gottes." Wir spüren, wie wichtig solche Verfügbarkeit für jeden ist, der sich an uns und unsere Gemeinschaften wendet. Wir sehen uns verpflichtet, Zeit und Personen dafür freizustellen, damit solche Verfügbarkeit gewahrt bleibt. Zeit schenken, um Menschen aufzunehmen, diese Verantwortung wird uns selbst zu einem Geschenk, das wir mit großer Selbstlosigkeit zu teilen haben.

Eine weitere Priorität betrifft die „Formen der Armut". Ich spreche absichtlich nicht von der Armut im Singular, denn Armut hat viele Gesichter: Unwissenheit, Behinderung, Vereinsamung, Migration, Not gleich welcher Art. Diese Formen der Armut haben sich in den letzten Jahren tendenziell vermehrt. Das Erdöl schafft kaum Arbeitsplätze und hinterlässt viele Arbeitslose; Universitäten produzieren stellenlose Akademiker und zunehmend tauchen Drogen auf. Behinderung bleibt oft immer noch als Schande im Schatten der Familie versteckt. Staatliche Stellen tun zwar in dringenden Fällen ihr Bestes, doch bleiben die Bemühungen in dieser Hinsicht unzureichend. In ganz bescheidenem Rahmen können wir auf Anfragen nach Schülerhilfen und Nachhilfeunterricht in Englisch oder Französisch eingehen, aber die Angst vor Proselytismus trägt uns dann manchmal Anfeindungen ein! Unsere Ordensschwestern engagieren sich vor allem in Schulungsangeboten für Frauen und in der Unterstützung von Behindertenorganisationen. Das Feld ist weit genug, um alle unsere Energien sehr rasch aufzuzehren.

Der Bereich der Kultur sodann ist vergleichsweise begrenzter, aber er bleibt für uns wichtig und verlangt noch größere Aufmerksamkeit, weil es hier um langfristige Investitionen geht. Dieses Terrain gilt es auch deshalb ständig zu bearbeiten, weil die Kultur eine Brücke bildet zwischen der christlichen und der muslimischen Welt, zwischen Orient und Abendland. Ignoranz und gegenseitige Unkenntnis sind oft die Quelle von Konflikten und jahrhundertealten Missverständnissen, die sich nur durch Aufklärung, Offenheit und Respekt überbrücken und verringern lassen.

Beim letzten Bereich schließlich scheint es fast überflüssig, ihn zu erwähnen: Was wären wir ohne das Gebet? Es schöpft seine Kraft daraus, dass wir gemeinsam mit Jesus den Blick auf Gott, seinen „guten Vater", richten. Wir leben in einem religiösen Umfeld, in dem man Gott „den Gütigen und Barmherzigen" nennt und als solchen anbetet. Wir haben außerdem das Glück, ja die Gnade, Personen und Gemeinschaften unter uns zu haben, für die das Gebet das Herzstück ihres Engagements ist und deren Engagement von Herzen kommt. Sie erinnern uns an den tieferen Sinn unserer Präsenz, gleichsam als Wächter und ständige Mahner zur Rückkehr an die Quelle! Lasset uns beten, und zwar ohne Unterlass! Unser Gebet wird die Dinge gewiss nicht wie durch Zauber verändern. Es ist kein spiritueller „Automat", aus dem wir für ein paar Worte herausholen, was wir gern möchten. Die erste Frucht des Gebets besteht darin, dass wir uns selbst ändern. Wenn wir beten, wird unser Gebet uns verändern. Und eins ist sicher: Wenn wir uns selbst ändern, werden wir auch auf dieser Erde etwas verändern können, weil wir aus der wahren Quelle schöpfen.

Unsere Sorgen heute und morgen

Einige Prioritäten sollte ich noch aufzeigen, die uns heute am Herzen liegen müssen, wenn wir an morgen denken.

Eine unserer Hauptsorgen gilt der Erneuerung und „Verjüngung" unserer Gemeinschaften und der Weitergabe des uns anvertrauten menschlichen und spirituellen Erbes, damit sich neue Berufungen, neue Personen mit ebenso brennender Begeisterung unserer Karawane – unserer Weggemeinschaft – anschließen. Ich hatte die Frage weiter oben schon gestellt: Zu welcher Offenheit und Gastfreundschaft, zu welchem Wagemut werden wir fähig sein? Müssen wir erst noch die Prüfung einer weiteren Verringerung unserer Zahlen über uns ergehen lassen? Mit solchen Fragen müssen wir uns ohne Jammern und Rückzug ins Vergangene auseinandersetzen! Was ausgesät ist, wird aufkeimen. „Wesentlich ist nicht die Zahl, sondern das Zeichen". Unsere Nachfolge ist mit abhängig vom Verständnis seitens der Ordensfamilien, die unsere Mission und Präsenz mittragen, und nicht zuletzt auch von den berüchtigten Visa und Aufenthaltspapieren, mit denen algerische Behörden uns gegenüber manchmal recht sparsam umgehen. Wir haben aber den Wunsch, eine lebendige Gemeinde zu bleiben, die Christi Liebe inmitten dieser Welt ausstrahlt. Deshalb nehmen wir gern neue Berufungen auf mit deren legitimem Wunsch nach eigener Kreativität, auch wenn man uns staatlicherseits wenig Handlungsfreiheiten lässt. Und dieser neuen Generation möchten wir unsere langjährige und fruchtbare Präsenz so hinterlassen, dass das gewichtige Erbe ihnen nicht zur erdrückenden Last wird.

Drei große Herausforderungen zeichnen sich in diesem Erbe ab, drei Zonen von Leid und Armut, drei „Bruchstellen", wie Pierre Claverie sagen würde, und sie verfolgen uns ständig, ohne dass wir uns wirksam selbst engagieren könnten, weil sie so unendlich weit über unsere Kräfte gehen. Ich will sie noch einmal benennen, weil es sich dabei um Fragen handelt, denen weder wir noch unsere Gesellschaft ausweichen können.

Da ist als Erstes die Zukunft der Jugendlichen in diesem Land, die so oft nur die Zahlen der Arbeits- und Perspektivlosen vergrößern und denen man in der Tat ihre Rechte vorenthält, insoweit Arbeit als Quelle von Menschenwürde anzusehen ist.

Die zweite große Herausforderung ist die der Migranten aus den schwarzafrikanischen Ländern südlich der Sahara, die ständig hereinströmen trotz aller Ängste, Barrieren, trotz vielfältiger Warnungen und des Drucks vonseiten einer westlichen Welt, die sie nicht haben will. Gezwungen und auch entschlossen, dann lieber hier in Algerien zu bleiben, werden sie zu einer schweren Belastung für das Land, und wir wissen nicht, was die Zukunft für sie bringen wird.

Eine dritte schwere Herausforderung gerät oft in Vergessenheit und droht gar von der Landkarte zu verschwinden: Die der Flüchtlingslager in der südlichen algerischen Sahara im Raum von Tindouf. Diese Flüchtlinge leben in extremer Armut und geradezu gelähmt angesichts der Weigerung seitens der internationalen Völkergemeinschaft, einem ganzen Volk sein Daseins- und Freiheitsrecht zuzugestehen.

Vielleicht können wir angesichts solcher Wunden und Zonen des Leids nur wenig ausrichten, aber mit allem, was an gutem Willen schon vorhanden ist, müssen wir noch kreativer werden, noch mehr wagen, immer noch einen Schritt weiter gehen in der Ausübung der Barmherzigkeit, der geschwisterlichen Liebe und in unserer Achtsamkeit auf mehr Gerechtigkeit. Auch wenn wir unsere eigenen Grenzen eingestehen müssen, darf dies kein Alibi für Unbeweglichkeit sein. Wahre Liebe ist immer erfinderisch.

Und nun? In Sandsturm und Geisteswehen

Im Frühjahr fegt bisweilen ein scheinbar nicht enden wollender Sandsturm über unsere Oasen: „*Woqtou*" – „Jetzt ist seine Zeit", sagen dann unsere Freunde, denen dieses Frühlingsphänomen wohlvertraut ist. Der Sturm verbreitet Staub und Sand, dringt in die Augen und in die Suppe, durch die Ritzen von Türen und Fenstern, schädigt Motoren und Nerven... Aber jetzt ist eben seine Zeit! Und nicht alle seine Auswirkungen sind schädlich, vor allem in den Palmenhainen nicht. Heutzutage befruchtet man die weiblichen Palmen zwar künstlich mit den Pollen von männlichen Palmen, doch früher war der Wind für diese Weitergabe von Leben unverzichtbar.

Seit Monaten befinden wir uns in einer anderen Art von Sturm. Das Barometer der Medien steht beständig und dauerhaft auf Tief: An manchen Orten hat man uns die Schülerhilfen verboten; man untersagt uns Gottesdienste für die christlichen Ausländer an den Standorten der Ölfirmen und immer wieder kommt es zu Scherereien mit den Behörden. Manche unserer muslimischen Freunde werden wegen ihres Umgangs mit Christen verdächtigt, Visa werden immer seltener ausgestellt, und manchmal gibt man uns zu verstehen, wir wären anderswo vielleicht besser aufgehoben...

Andere Diözesen und christliche Gruppen sind noch stärker betroffen als wir: Wenn Muslime sich dort für das Christentum entscheiden, stellt man sie vor Gericht, obwohl die Verfassung sich zur Gewissensfreiheit bekennt; gegen einen katholischen Priester und einen muslimischen Arzt wurde ein Gerichtsverfahren eingeleitet, weil sie schwarzafrikanische Migranten besucht hatten; die arabischsprachige Presse hat eine Kampagne gegen die Christen lanciert und Ähnliches mehr. Zum Glück berichtet die liberalere frankophone Presse oft mit größerer Objektivität und Zurückhaltung und mit Respekt vor der Gewissensfreiheit.

Können wir es trotz Wind und Sand wagen, die Augen wieder ein wenig zu öffnen?

In so unruhigen Zeiten sind wir tief bedrückt von der Freundschaft, Unterstützung und Offenheit vieler Algerier. Einige haben ihre Haltung bereits in einem offenen Brief sehr deutlich zum Ausdruck gebracht, in dem sie größeren Respekt vor der Freiheit und namentlich der Gewissensfreiheit fordern. Was uns trifft, trifft auch sie oft zutiefst. Sie können die Anfeindungen nicht verstehen. Eine erste Frucht, die wir jetzt schon ernten dürfen, liegt in der Solidarität, die sie uns gegenüber bekundet haben!

Wie immer es aussehen mag, wenn sich der Sturm gelegt haben wird, wir selbst sind dazu aufgerufen, die Motive noch ernsthafter zu bedenken, die uns bis hierher geführt haben. Wir müssen heute wieder durch eine neue Etappe des Lebens unserer Kirche hier in Algerien hindurch. Staub und Sand in den Augen hindern uns einstweilen am freien Blick auf den Horizont. Sollen wir deshalb die kommende Strecke bedrückt, niedergeschlagen, resigniert und ängstlich zurücklegen oder in der österlichen Hoffnung auf eine neue Zeit?

Ja, wir leben heute in einem kritischen Engpass! Aber niemand wird die Hoffnung töten können. Deshalb möchte ich am Ende noch einmal von einem Freund erzählen, einem Mann aus einfachsten Verhältnissen, dessen Weisheit uns die richtige Richtung vorgibt.

Er hieß Brahim und hatte sein Haus am Rand des östlichen Großen Ergs zwischen El Oued und Touggourt gebaut. Er war müde von einem arbeitsreichen Leben, denn er hatte in dieser rauen Region der Sahara seine Familie mit sieben Kindern großgezogen, die heute allesamt auf eigenen Füßen stehen. Vor wenigen Jahren ist er gestorben. Auch seine Frau, seine aufmerksame und treue Lebensgefährtin, hat ihn nicht mehr lange überlebt und ist ihm genau einen Monat später nachgefolgt.

Von Brahim erzähle ich deshalb, weil er mich einmal in die Geheimnisse der Wüstenwanderung bei jeder Wetterlage eingeführt hat. Er war als Nomade durch die großen Weiten der Sahara gezogen, bevor er sesshaft wurde.

In einer wundervollen Sommernacht verriet er mir ein wenig von seinem großen Wissen. Wir lagen auf dem Rücken, blickten auf die Milchstraße, und Brahim beschrieb mir den Himmel. Begeistert benannte er die Sterne und Sternbilder, besonders diejenigen, die für den nächtlichen Wanderer als Wegweiser unverzichtbar sind. Welch ein wundervolles Schauspiel am Himmel! Die Nacht rückte vor, und ich wollte gar nicht mehr schlafen.

Dann erzählte mir Brahim, wie er gelernt hatte, im Sandsturm und selbst bei dunkler Nacht zu wandern. Aus dem Sand in seiner hohlen Hand, aus typischen Pflanzen der Wüstengegenden und aus der Temperatur des Windes konnte er herauslesen, wo sein Weg zu finden war. Ansonsten verließ er sich auf seine Kamele und deren Instinkt. Wenn auch das nicht mehr möglich war, „ja dann", meinte er, „blieb ich eben dort, wo ich war, und wartete ab in Geduld!".

Kommen wir noch einmal auf den Wind zurück, der mit seinem Sand unseren Horizont verschleiert, sodass wir manchmal meinen, unsere gewohnten Orientierungspunkte aus den Augen verloren zu haben. Was uns als festes Wegzeichen erschien, hat sich in eine Fata Morgana verwandelt. Mitunter ist vom Himmel gar nichts mehr zu sehen.

Das ist vergleichbar mit der Situation unserer Kirche. Denn soll man das, was uns da trifft, als üblichen Ärger mit Behörden abtun? Soll man die Verbote lediglich als Ordnungsmaßnahmen im Blick auf Dinge ansehen, die wir aus langjähriger Gewohnheit zwar tun durften, die man aber immer nur toleriert hatte? Oder muss man, wie ein Journalist kürzlich zu mir sagte, damit rechnen, dass das Aus für unsere Kirche regelrecht programmiert ist? Die Fantasie hat in solchem Durcheinander leichtes Spiel, aber sie ist alles andere als zuverlässig. Panik verhilft uns ebenso wenig zu einem klaren Blick wie rasches Verallgemeinern und falsche Annahmen.

Da scheinen mir Brahims nächtliche Lektionen wie weise Aufforderungen zu mehr Gelassenheit. Sollten wir den Weg etwa schon verloren haben?

Kehren wir auf den Boden zurück! Betasten wir die menschliche Wirklichkeit, die uns vertraut und kostbar ist. Überall finden wir Wegzeichen, die uns wie die Wüstenpflanzen lebendige Freundschaft und Treue bekunden. Und auch funkelnde Sterne fehlen nicht an unserem Himmel. Manche sind vielleicht trügerisch, andere aber zeigen uns treu den Weg. Enge Freunde bekunden uns ihre Verbundenheit, und wir wiederum teilen unsere Sorgen mit den Sorgen derer, die ihrerseits in ihren Rechten und ihrer Würde angegriffen sind. Wie ein Weiser aus dem Morgenland hat ein neuer Erzbischof die Nachfolge unseres couragierten Bischofs Teissier übernommen, der unablässig und unnachgiebig immer seine Verbundenheit zu diesem Land unter Beweis gestellt hatte. Halten wir trotz Sand und Wind die Augen offen!

Und wenn wir einmal meinen sollten, nun sei jede menschliche Unterstützung abhanden gekommen, dann müssen wir einfach anhalten und mit Geduld abwarten. Aber um alles in der Welt dürfen wir uns nicht vom beständigen Terrain unseres Alltags und von unseren tiefsten Motiven verabschieden.

Bevor Jesus von seinen Jüngern Abschied nahm, die einigermaßen ratlos mit ansahen, wie er davonging und sie „fallenließ", gab er ihnen noch das Versprechen mit: „Ich bin bei euch alle Tage bis zum Ende der Welt."

An uns liegt es nun, im gegenwärtigen Unwetter zu zeigen, dass er damit die Wahrheit gesagt hat!

Finale

Eine Messe – „islamisch“ gebetet
Eucharistische Betrachtung

Gesang zur Eröffnung

Durch das Morgengrauen des neuen Tages schallt der Gebetsruf
und reißt die Gläubigen mit lauter Stimme aus dem Schlaf.
Allah Akbar! Gott allein ist groß!
Der Ruf aus dem Mund des anderen lädt mich ein,
mich ganz Dir zuzuwenden, Herr.
Du hast mich meiner Nacht entrissen
und den Mächten der Finsternis,
die alles zu verhüllen trachten.
Der dreimalige Ausruf deiner Größe weckt auch mich
zu diesem neu anbrechenden Tag.
Leg Deinen Segen
auf all die Stunden, die sich vor mir auftun,
und mache sie zum Widerschein Deiner Gegenwart
in jeder Begegnung, erwartet oder unverhofft.
Schon klopfst Du an meine Tür durch den Klang der Stimme,
die mir zuruft: ICH BIN!
Und so erinnerst Du mich daran, dass Du allein groß bist.
Es gibt keinen Gott außer Dir.
So will ich mich vor Dir niederwerfen,
der Du mir Herberge gabst in meiner Nacht,
und ich will Dir die Tür meines Herzens öffnen.

Tritt bei mir ein und öffne weit mein ganzes Sein,
öffne es für die Dimensionen dieser Welt.
Der Du so groß, so demütig und so gering bist,
fülle Du alles in mir aus,
damit es in meinem Leben keinen Gott gibt außer Dir.
Reinige meinen Tempel
und verjage aus ihm alle Götzen.
Mögen falsche Götter niemals Einlass finden,
die trügerischen Götzen von Gewalt, Geld und Macht,
Götzen so alt wie die Welt, die doch immer wieder neu aufstehen.
Es gibt keinen Gott außer Dir.

Möge dieser Ruf nun den ganzen Tag lang
Leib und Seele annehmen.
Dann werde ich in jeder Hand, die an meine Türe klopft,
Deine Hand erkennen.
Dann werde ich in jedem Gesicht,
das mir auf meinem Weg begegnet,
Dein Angesicht sehen.
Dich werde ich erkennen,
unsichtbar in jedem Gast, verborgen in jedem Bettler,
nahe in jedem Bruder,
im unschuldigen Kind, im Fremden, der mir begegnet;
hinter so vielen menschlichen Gesichtern verbirgst Du Dich!
Aus jeder Begegnung machst Du
eine Überraschung – immer wieder neu!
Es gibt keinen Gott außer Dir.

Mit den Gläubigen, die sich an diesem frühen Morgen
vor Dir niederwerfen,
will auch ich mich niederwerfen.
Mit allen, die Deinen Namen anrufen
in Moscheen, Kirchen und Klöstern,

mit den Alten und Kranken,
die ihre Augen nicht zu Dir erheben können,
will ich mich niederwerfen.
Mit all den Frauen und Männern,
die zu Hause ihre Arbeit verrichten müssen,
und mit all denen,
die in Fabriken und Werkstätten,
bei ihren Herden oder auf den Feldern arbeiten müssen,
will ich mich vor Dir verneigen.
Mit allen Gläubigen auf dem Weg der völligen Hingabe,
die ihr Leben ganz in Deine Hände legen
und sich dem Geist ihrer Heiligen Schrift unterwerfen,
will ich zu Dir beten.
Gib mir ein großes und selbstloses Herz, weite meinen Horizont
und gib, dass mein Gebet wahrhaft allumfassend werde.
Es gibt keinen Gott außer Dir.

Schuldbekenntnis

Du bist der Gütige und der Barmherzige.
So nimm auch mich hinein in Dein mütterliches Herz,
nimm hinweg all meine Feigheit und meine Fehler,
mach schön, was hässlich, und hell, was dunkel ist in mir,
und vertreibe meine Ängste,
lösche in mir jeden Wunsch nach Rivalität,
der mich nicht auf den Weg zum Guten führt.
Du bist der Gütige und der Barmherzige.

Tief erschüttert blickst Du
auf all unser Elend und unsere Zerrissenheit,
auf unsere religiösen Konflikte,

in denen wir noch vorgeben, Deine Ehre zu verteidigen;
entflamme mich mit dem Feuer Deines Wortes
und dem Licht Deines Geistes.
Du bist der Gütige und der Barmherzige.

Bewahre unser Herz vor eitlem Stolz.
Bewahre uns auf dem rechten Weg Deiner Demut.
Mögen die Türme unserer Gotteshäuser allein dazu aufragen,
damit unsere Augen sich zum Himmel richten.
Du bist der Gütige und der Barmherzige.

Ehre sei Gott

Ehre sei Dir, Herr aller Welten,
der irdischen wie der himmlischen Welt,
der sichtbaren wie der unsichtbaren,
der Welt des unendlich Großen wie der Welt des unendlich Kleinen.
Ehre sei Dir für Mann und Frau,
Deine Verwalter hier auf Erden, Dein Abbild,
das Du aus Lehm und aus einem Funken
von Deinem Geist geschaffen hast,
Ehre sei Dir für Jesus, Dein ewiges Wort.
Er hat Fleisch angenommen in Maria,
die Du gerufen und unter Deinen Schutz gestellt hast.
In ihr sind alle Frauen erhöht.

Liturgie des Wortes

Und nun, Herr, will ich das Heilige Buch aufschlagen,
das Buch des Mose, der Propheten, der Psalmen, das Buch Jesu.

Ich will Deine Botschaft lesen, Deine Großtaten hören,
Deine Weisungen und Deinen Zuspruch,
Deinen unablässigen Anruf, damit ich mich Dir zuwende.
In all dem sagst Du mir, woher ich komme und wohin ich gehe.
Die Lesung ist wie eine große Reise.
Mich aber hast Du zum Nomaden gemacht
auf der Reise durch Raum und Zeit.
So will ich mich aufmachen
und auf vertrauten Wegen durch Deine Weidegründe ziehen,
ich will aufbrechen mit den Frauen und Männern,
die mir in meinem Glauben und Leben Tag für Tag nahe stehen.

Du weißt aber auch, wie oft meine Seele danach verlangt,
wie so viele andere Menschen
auch die unbekannten Wege zu erforschen,
die sicheren Horizonte meiner vertrauten Umwelt zu übersteigen.
Wenn ich nun den Wegen folge, die Du mir gezeigt hast,
fürchte ich nicht, in die Fremde zu geraten.
Und auf dem Weg wirst Du mir Gefährten zur Seite geben,
andere Menschen, die nach Deiner Gegenwart dürsten.
Wir werden den Weg gemeinsam gehen.
Du bist der Weg.
Als Gast will ich von meinen neuen Gefährten lernen
und Früchte aus ihrer Wüste kosten.

Im Namen Gottes, des Gütigen und Barmherzigen,
Ehre sei Dir Gott, Herr der Welten.
Gib mir, Herr, den Mut, auch ihr Buch aufzuschlagen
und meinen Geist und mein Herz dafür zu öffnen,
damit ich mich auf dieses Wagnis einzulassen vermag,
um auch dort die Saat Deines Wortes wiederzufinden.
Auch aus ihrem Brunnen lass mich trinken
und den Becher nehmen, der allen Armen gereicht ist,

die keine andere Quelle haben, um ihren Durst zu löschen.
Doch wie soll ich trinken, wenn nicht Du mir das Verlangen gibst?
Und wo soll ich trinken,
wenn nicht Du mir den Weg zum Brunnen zeigst?
Führe mich zu dieser Quelle,
wo alle zusammenströmen, die nach Deinem Namen dürsten.
Und lass auch mich der langen Menschenkette derer folgen,
die nach Deinem Wasser suchen.

Gabengebet

Dir, Herr,
bringe ich das Brot dar, das meine kleine Nachbarin
mir eben gebracht hat,
und auch das Fladenbrot der Witwe,
die kam, um ihren Mangel mit mir zu teilen.
Und dazu lege ich
das Leben meiner Brüder und Schwestern im Islam.
Nimm ihr Leben an,
das aus den Nöten und Freuden der Zeit geknetet und geformt ist,
das der Armen, der nach Gerechtigkeit Dürstenden,
der vom Leben Geschlagenen.
Nimm an das Gebet all der Frauen und Männer, die sich vor Dir niederwerfen
und die aus vollem Herzen beten können.

Ich bringe Dir dar die Frucht
der auf unseren Hügeln gereiften Reben.
Mit diesem Wein nimm an die ganze Erde in ihrem Wachstum.
Nimm an das Elend aller überschuldeten Länder,
die Arbeit des Bauern und des ausgebeuteten Arbeiters,

der ins Haus eingeschlossenen und gedemütigten Frau.
Hinzu lege ich auch
die Begeisterung der Dich Suchenden,
die Freude der neu gegründeten Familien,
das Jubelgeschrei bei der Neugeburt,
das Spiel der Kinder auf der Straße,
den festlichen Lärm und Rhythmus der Trommeln.
Und auch die Augen der Alten, die sich schließen,
um Dein Licht besser leuchten zu sehen.

Diese ganze Welt liegt nun vor Dir:
Hände, ausgestreckt zum Loben oder Flehen,
Körper, sich neigend und niederwerfend,
Menschen, die fasten,
um die Not des Armen besser spüren und mit ihm teilen zu können.
Diese ganze Welt in Geburtswehen
bringe ich Dir dar, Herr, denn sie wohnt in mir.
Du brauchst sie, um sie zum Leib und Blut
Deines Sohnes zu machen.

Eucharistisches Hochgebet

Sei gepriesen, Herr der Welten.
Du allein bist groß,
denn Du allein vermagst selbst das Allerkleinste zu umfassen.
Durch Dein Wort schufst Du den Himmel und die Erde
und alles, was sie erfüllt.
Durch Deine Propheten sprachst Du zu den Menschen,
um sie zu einem einzigen Volk zu versammeln,
berufen, sich immerfort zu Dir hinzuwenden.
Sie aber hörten nicht auf Dich,

sie blieben unberührt von Deiner Stimme,
unfähig, im Wirrwarr ihrer Sprachen
noch Worte wie „Frieden" und „Versöhnung" auszusprechen.
In ihrer Herzenshärte verschlossen sie sich Deinem Ruf,
unfähig im Geist, Dich an Deinen Taten zu erkennen,
und ihre Hände streckten sie aus nach stummen Götzen.
Doch Deine Barmherzigkeit ist weiter als die Erde,
höher als die Berge,
tiefer als die Meere.
Du hast uns Dein Wort gesandt, Jesus, aus Maria geboren.
An Ihm erfreust Du Dich von Ewigkeit her.
Auf Ihn hast Du die Fülle Deines Geistes gelegt.
Ihn hast Du uns als unseren Bruder und Herrn gegeben.
Er kannte unsere Leiden und Freuden.
Er wollte dienen,
kniete sich vor uns nieder,
um uns den Staub des Weges von den Füßen zu waschen,
um unsere Wunden zu verbinden, unsere Herzen zu trösten,
unsere Krankheiten zu heilen.
Er lebte seine Liebe bis ans Ende.
Im Angesicht der Bedrohung
ging er denen nicht aus dem Weg, die ihn töten wollten.
Er wurde gekreuzigt und ist gestorben.
Du hast ihn auferweckt am dritten Tag, und in seinem Leib
hast Du ihn an Dich gezogen.

Bevor er aber die Seinen verließ,
wollte er ein letztes Zeichen setzen
im Teilen von Brot und Wein,
als Erkennungszeichen für alle, die ihm nachfolgen.
So bitten wir Dich, Vater im Himmel,
sende Deinen Geist auf diese Gaben herab,
die wir vor Dich gebracht haben,

und nimm sie in Gnaden an.
Lass uns an den Tisch treten,
den Du uns vom Himmel her bereitet hast,
den Tisch Deines Reiches.
Du gibst uns, was wir zum Leben brauchen,
Du Spender aller guten Gaben.
Um diesen Tisch wollte Jesus, Dein Sohn,
die Seinen versammeln.
Vor seinem letzten Gang
hat er sich selbst ihnen überantwortet im Brot und im Wein.

Er nahm das Brot und sprach:
„Das ist mein Leib."
Er nahm den Kelch und sprach:
„Das ist mein Blut."

Dieses Geheimnis ist groß, Herr,
es kann Anstoß erregen, zum Ärgernis werden,
unverstanden von vielen.
Aber selbst denen, die nicht verstehen,
wird es noch zur Quelle von Barmherzigkeit.
Deine Güte und Liebe
reichen weit über alle Glaubensbekenntnisse hinaus.

So wie Du, Jesus, in Brot und Wein gegenwärtig bist,
so bist Du auch in dem Hungrigen zugegen,
dem wir zu essen geben,
in dem Gefangenen, den wir besuchen,
in dem Nackten, den wir kleiden,
in dem Fremden, den wir aufnehmen,
in jedem Jünger, den wir als Jünger annehmen.
Ich sage Dir Dank, denn Du hast Deine Jünger
zum eucharistischen Brot gemacht

für alle, die sie aufnehmen.
Auch mich nahmen Menschen auf
und gaben mir zu essen, als ich fremd war,
Familien öffneten mir ihr Haus, als ich allein war:
So machtest Du mich selbst zum gottgesandten Gast.
In Deinem Leib, Jesus,
ist alles aufgehoben, verwandelt, zusammengefasst.
Alle Anbetung, alle Barmherzigkeit,
alle noch so geringen Zeichen von Liebe
hast Du mit hineingenommen in Brot und Wein,
um sie in Deinen Leib und in Dein Blut zu verwandeln.
Alles Beten ist in Deinem Gebet mit eingeschlossen,
alle Liebe in Deiner Liebe verschmolzen.
Durch die Worte
„Das ist mein Leib, das ist mein Blut"
hast Du die ganze Schrift erfüllt,
und vor allem hast Du jegliche Unterwerfung
zur Vollendung geführt –
Nicht mehr als Sklave, vielmehr als Sohn.
Nichts von den Schätzen des Orients hast Du verworfen,
doch nimmst Du sie in Deine Hände, um sie zu reinigen.
Alles muss durch das Feuer Deines Geistes –
des Geistes der Klarheit,
des Geistes der Wiedergeburt und des Lebens.
In dem Augenblick,
wenn das Wort über Brot und Wein gesprochen ist,
wird alles, was nicht von Dir kommt,
vom Feuer verzehrt und verwandelt.
Was wir nun in uns aufnehmen, ist keine irdische Speise mehr,
es ist Dein verherrlichter Leib,
beladen mit aller Last der Menschheit,
verwandelt nun von Dir.

Kommunion

Und diesen Leib gibst Du mir nun als Speise.
Und diesen Becher reichst Du mir als Trank.
Dich aufnehmend schenkst Du mir Gemeinschaft
mit all meinen Menschenbrüdern und -schwestern.
Indem ich Dich aufnehme,
nehme ich die ganze Menschheit in mich auf.
Nun werden all meine zaghaften Schritte
auf den Mitmenschen hin
und auch mein armselig stammelndes Beten
ihre Quelle finden in Dir.
Du lässt mich an der Gemeinschaft aller Menschen teilhaben.
Als einen, der selbst Aufnahme fand,
sendest Du mich nun zum anderen,
um ihm meine Tür zu öffnen als einem Gast Gottes.

Danksagung und Aussendung

Dank sei Dir, Herr, denn Du bist das tägliche Brot für mein Gebet,
Du bist der Wein für meinen Durst,
das Wasser in meinem Brunnen,
das Wort, das mich neu auf den Weg bringt,
der Quell meines Lebens.
Zu Dir muss ich immer zurückkehren
wie der Wanderer zur Oase.
Ich will also neu aufbrechen und zu den Menschen gehen,
immer weiter auf meiner Reise,
versehen mit neuer Energie:
mit der Kraft Deiner Gegenwart.

Mein Herz war zu eng für so viele Gesichter,
nun machst Du es so weit wie Dein Herz.
Mein Haus war zu klein für so viele Besucher,
nun schenkst Du mir Dein Haus.
Mein Geist war zu eng für so viele Fragen,
nun gibst Du mir Deinen Geist.
Du sendest mich hinaus ins Leben wie auf einen langen Pilgerweg.
Bald werden meine Speisen aufgezehrt sein,
und das Wasser geht zur Neige.
Du bist das Brot. Du bist die Quelle.
Deine Eucharistie ist die Oase, wo ich neue Kraft schöpfe,
bis zu dem Tag, an dem ich endlich einziehen werde
in die Heilige Stadt –
gemeinsam mit der unermesslichen Schar der Frauen und Männer,
die nach Dir suchten.